FOR BEGINNERS フォー・ビギナーズ 98

ヤマトタケル

文●鈴木邦男
イラスト●清重伸之

イラスト版オリジナル

現代書館

もくじ

1．偉大な父・景行天皇　4

2．凄惨な兄殺し　12

3．「もう一人の自分」を殺したのか　32

4．女装して熊曾《くまそ》を討つ！　40

5．敵からもらった称号「ヤマトタケル」　50

6．卑劣にも、出雲建《いづもたける》を騙し討ち！　60

7．「父(天皇)は、死ねと言うのか！」　74

8．草那芸剣で命びろい　94

9．入水！　弟《おと》橘《たちばな》比売《ひめ》命《のみこと》　104

10. 魔性の女・美夜受比売《みやずひめ》　114

11. 伊吹山での敗戦　138

12. 英雄ヤマトタケルの最期　148

13. 白鳥は何処へ行った　154

14. ヤマトタケルとの「不幸な出会い」　164

あとがき　174

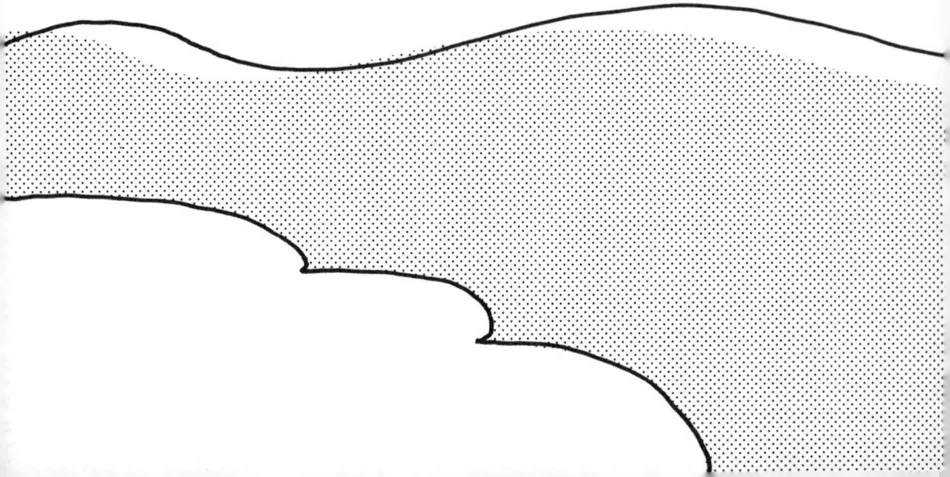

1．偉大な父・景行天皇

ヤマトタケルの父は景行天皇だ。第12代の天皇だ。『古事記』ではヤマトタケルに冷たく当たる無慈悲な天皇という印象があり、ヤマトタケルを引き立たせるための脇役的存在だ。しかし『日本書紀』では、偉大な英雄だ。ヤマトタケルに東征を命ずる前に、自ら九州に赴き、賊どもを討ち平らげる。猛将だ。それに体も大きい。信じられない位の巨人だ。『古事記』によると背の高さが一丈二尺、膝の長さだけでも四尺一寸もあったという。でも、丈や尺だとどれだけ大きいのかピンとこない。一尺は約30.3センチメートルだ。そうすると、膝の長さは1メートル20センチ。背の高さは何と3メートル60センチだ。そんな馬鹿なと思うが、計算するとそうなる。

今、一尺を30.3センチとして計算したからこうなったが、実は一尺の長さは時代により、異なっていたという。曲尺や鯨尺などというのもあった。又、昔は唐尺、周尺などもあった。メートル条約加入後、1891年(明治24年)、尺貫法の公認基本単位として、一尺を30.3センチと定義した。この尺貫法は1958年(昭和33年)まで用いられた。

とすると、景行天皇の身長も変わってくる。3メートル60ではなく、2メートル位かもしれないし、1メートル80位かもしれない。『単位の歴史辞典』(小泉袈裟勝編、柏書房)や『古事記』の解説書を調べてみると、どうも「2メートル弱」のようだ。だったら今の若者でも、いくらでもいる。しかし、当時としては巨人だ。だからこそ一丈二尺とわざわざ記したのだろう。又、現代の我々の考えに引き戻して理解しようとするのは本当は邪道だ。よく分からんが、「背の高さは一丈二尺あった」「おっ、凄い！」と素直に驚いていた方がいいのだろう。又、この天皇には御子が80人もいたという。これなんかも素直に、「凄い！」と驚きたい。

そんなに大きいわけないだろ！
172 cm
著者・鈴木邦男

360 cm
だって
神話だもん
180 cm
これでは
ふつーだね
120 cm

蛇足だが、尺貫法は1958年（昭和33年）まで用いられ、その後はメートルだけになった。1960年が安保闘争の年で、樺美智子さんが殺された年だ。又、社会党の委員長・浅沼稲次郎さんが17歳の右翼少年・山口二矢に刺殺された年だ。この年、僕も山口少年と同じ17歳で、高校2年だった。テレビでその刺殺の瞬間を見てショックを受けた。それが、いわばトラウマになって後に右翼・民族派運動に入るキッカケになる。

安保の2年前に尺貫法は廃止になる。僕が中学3年の年だ。だから、それまではずっと「尺貫法の世界」にいたわけだ。でも学校では小・中学校とも、メートルだったと思う。身長も体重もそうだったし、大体、算数・数学もみなメートルだった。だから尺や貫なんて縁がなかった。尺貫法はまだ、いろんな商売などで生きていた、といった程度だったろう。「ボク、背は何尺？」「何貫？」なんて老人に聞かれても、とっさに答えられなかった。ただ、大好きな相撲放送（ラジオだが）では、尺と貫だけだった。「この力士は6尺2寸」とか言われても、ピンとこなかったが、ともかくデカいんだろうと思った。それが力士の大きさを表わすにも凄味を与えたのかもしれない。

尺貫法の廃止には随分と反対もあったようだ。住居や衣服をはじめ、生活の全てが尺貫法を基準にしてきた。それを撤廃するのだ。日本人としての生活が破壊される、日本文化が壊されると思った人も多かった。でも「時代の趨勢」で、子供たちは学校ではメートル法の教育をされている。その時、「尺貫法が廃止になったら、子供たちは親を馬鹿にするだろう」という不安が出された。これでは日

本の家族関係も壊れてしまうと心配した人も多かったようだ。

だって尺貫法しか知らない大人にとっては大変な問題だ。

又、同じ年(1958年)、皇太子さまと正田美智子さんの婚約が発表された。「テニスコートの恋」とマスコミには大々的に報じられた。僕は中学3年だった。号外が出て、学校でもその話でもち切りだった。美智子さんは、ふっくらとした美人だった。

だが、後で知ったが、この「恋愛結婚」という表現が問題になり、国会でも論議された。まだ見合い結婚が多かった時代だ。又、地方では家を継ぐために親の決めた人と結婚する、というのは普通だった。「それなのに子供たちが家のことを顧みないで"恋愛結婚"したらどうなる。日本の家族制度は壊れる。日本の文化、伝統は崩壊する」……と、不安に駆られたのだ。又、こうした人々は地方において自民党に票を入れ、支える人々だった。それで政府も放っておけず、「自由勝手な恋愛結婚ではない」と答弁した。つまり、しかるべき調査が周到にされて、お妃にふさわしい人が選ばれ、その上で、テニスコートの「出会い」が設定された。「お見合い」であった。その後に、お付き合いの中で恋愛が生まれたのだと弁明した。

実際はその通りだろう。「お見合い」だったのだ。しかし、マスコミを通し、一般の人々は「恋愛結婚」だと信じ切っていた。尺貫法は廃止され、今までの生活習慣は破壊される。又、子供は勝手に恋愛し結婚する。親の権威などは吹っ飛んでしまった。それまでの〈日本〉はここで崩壊した。そう思ったのだ。

同じことは今だっていえる。パソコン、携帯、ゲーム……と、子供たちの方が機械には詳しいし、強い。大人たちはついていけない。「性教育」が問題になってるが、本当は、子供たちの方がよく知ってるし、実行している。「大人から学ぶこと」なんて、もうないんだ。だからといって、「子供は親を馬鹿にする」と不安に駆られたりはしない。とっくの昔に「親の権威」や「大人の権威」なんかなくなっているんだ。今さら嘆いても仕方ないのだろう。

このように、日本的なものが(いい意味でも悪い意味でも)、又、伝統的なものが失われつつある中で、昔は「親の権威」があった。『古事記』『日本書紀』の世界は勿論のことだ。又、それでいて自由だった。皇室の方々だって、この頃は今より、ずっとずっと自由だった。偽装「恋愛結婚」ではなく、本当の奔放な恋愛があり、自由があった。野原で働いている乙女を見初《そ》めては声をかけ、恋の歌をおくる。奥さんだって何人も持てる。ハメを外して兄妹で恋におちる人もいる。雄略天皇のように、「待っていろ」と声をかけたまま80年も忘れてしまった天皇もいる。いいね、奔放で、自由で。今の皇室の方々だって、「この頃はよかっただろうな」と思ってるに違いない。

さて、景行天皇だ。2メートルか3メートルか分からないが、ともかく巨人だった。又、自ら九州征伐に行き、平らげるほどの勇猛果敢な武人だった。さらに英雄色を好み、精力も絶倫だ。なんせ、御子が80人もいる。ギネスものだ。「いや、80人というのは本当ではない。八は“多い”という意味だ」と言う人もいる。八という字は末広がりを表わし、「多い」を表わす時には何でも八を用いたというのだ。大国主命は80人の兄弟があって、その人たちに苛められた。日本の神々は八百万《やほよろず》の神という。日本だって大八洲《おほやしま》だ。八紘一宇という言葉もあった。「すべての国(八紘)を一つの家(宇)」にするという意味だ。これは「侵略思想」だと非難されたが、善意に解釈して、「これは Universal Brotherhood だ」と言った人もいた。こうなると、「世界は一つ。人類皆兄弟」という標語にもなる。

ともかく、「八」の字に意味はない、こだわるな、ただ、「多い」ということを表わしているだけだ、という。こういう「合理的」な説明の方が今の我々には理解しやすい。でも、古典を全て、そうやって、今の我々の低みに引きずり下ろして解釈するのもどうかと思う。昔々の話だ。神話だ。80人位、子供がいたかもしれない。いたっていいだろう。僕はそう思うね。

ぜんぶ おれの子かよ……

この80人の御子らの中で若帯《わかたらし》日子命《ひこのみこと》と小碓命《をうすのみこと》(後の倭建命《やまとたけるのみこと》)、と五百木《いほき》之入日子命《のいりひこのみこと》の三人の皇子は太子(ひつぎのみこ。日嗣の御子)の名を持っていた。つまり、将来の天皇になる資格を持っていたのだ。

この本についてだが、基本的には『古事記』を下敷きにして書いてゆきたい。しかし、必要な時は『日本書紀』も紹介する。必要な時というのは、記(『古事記』)・紀(『日本書紀』)の間で、書いてる内容が大きく違う時だ。

たとえば、ヤマトタケルは『古事記』では「倭建命」となっているが、『日本書紀』では「日本武尊」だ。何やら、こちらの方が勇ましい。日本を代表する勇者という意味だ。だから、戦争中などは、この表記の方を多く使ったようだ。倭は、「魏志倭人伝」にもあるが、「倭国」の倭だ。日本のことだ。しかし「倭」は「小さい」という意味だ。中国が日本を馬鹿にして「小さい国」と呼んだのか。それはある。「だから魏志倭人伝は信用できない」という人もいる。中国は、自分の国だけが文明国で世界の中心だと思った。だから「中国」だ。そして周りの国々は野蛮な国々だと思った。東夷《とうい》、西戎《せいじゅう》、南蛮《なんばん》、北狄《ほくてき》といって周りの国々を蔑み、馬鹿にした。それと同様に日本の国も東夷の中の「小さな国」だと軽んじたのだろう。

しかし、周りの国々だって、文化はあった。あるいは中国より素晴らしい文化があったのかもしれない。だが文字がな

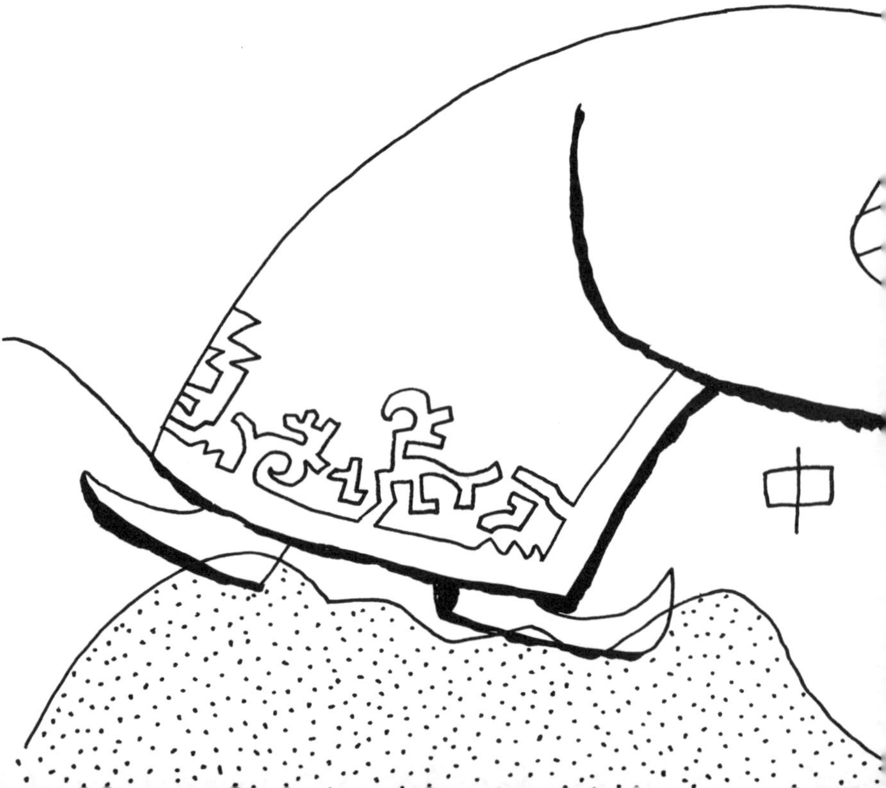

かつたから、それを記録できなかった。いや、記録はあったのに中国に滅ぼされたために全て焼かれてしまったのかもしれない。

さて倭国だ。勿論、中国から見た日本は遅れてると思われ、倭国といわれた。邪馬台国の女王・卑弥呼にしても、卑しい女と呼ばれている。中国の悪意は見え見えだ。でも、日本だって中国にはコンプレックスを感じていた。小さな国だと知り、自ら(謙遜して)倭国と言ったのかもしれない。倭建命の名にしてもそうだ。だからこの本ではあえて自虐的に倭建命の方を使う。それに『古事記』を基に話を進めるのだし。ただ、この本の表記としては、ヤマトタケルで統一しようと思う。

特別待遇の「3人の皇子」だが、倭建命が『日本書紀』では日本武尊だ。それに、若帯日子命《わかたらしひこのみこと》は『日本書紀』では稚《わか》足彦命《たらしひこのみこと》と書かれている。そしてこの御子が、次の(第13代の)天皇(成務天皇)になるのだ。

この3人の日嗣の皇子以外の77人は、ことごとく諸国の国造《くにのみやつこ》や別《わけ》、また稲《いな》置《き》・県主《あがたぬし》となって振り分けられた。地方の長官などになったわけだ。

ただ、本当のことをいうと、ヤマトタケルはまだ、その名がない。小碓命《をうすのみこと》と呼ばれていた。そのすぐ上に大碓命《おほうすのみこと》という兄がいる。この兄を小碓命は殺すのだ。「兄殺し」からヤマトタケルの物語は始まる。なんとも血なまぐさく、荒々しい物語の序幕だ。

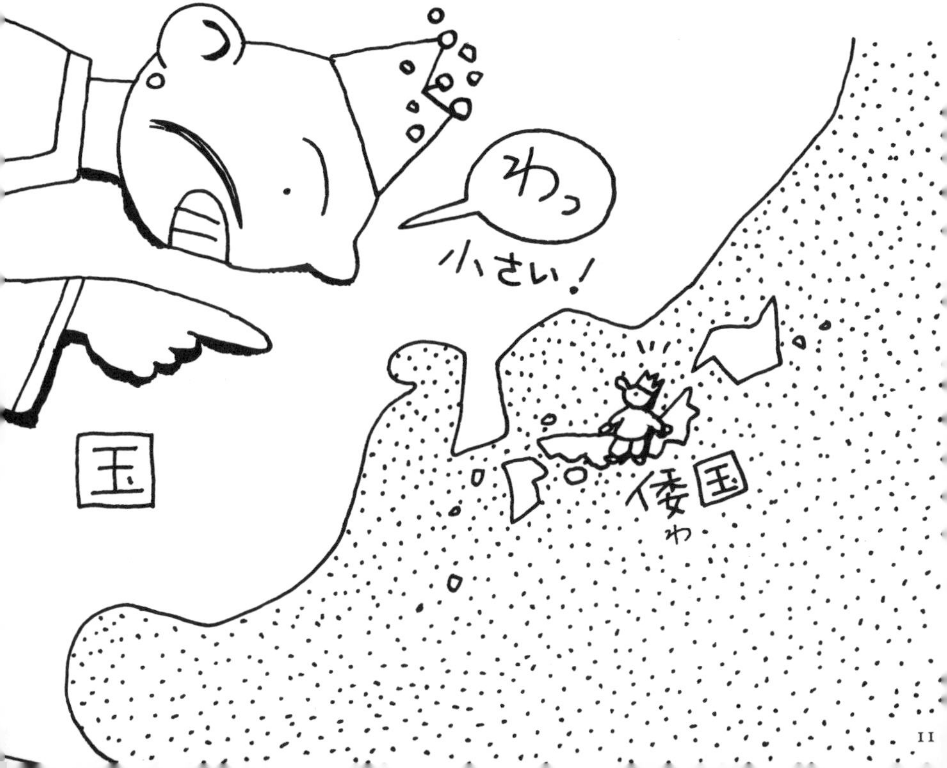

2．凄惨な兄殺し

兄を殺すなんて、よほどのことがあったのだろうと思うが、『古事記』では、サラリと書いている。「こんなことはよくあることだ。騒ぐことでもない」というように。それに事の起こりからして、つまらないことだ。だって、たかが女のことだ。それも父・景行天皇が見初めた女を皇子の大碓命が横取りしてしまった。それを聞いて小碓命(後のヤマトタケル)がウムを言わさず殺してしまうのだ。

その荒っぽさに恐れを抱いた父・景行天皇は、「近くに置いたら危ない」と思い、九州のクマソ征伐に向かわせる。クマソを平らげて意気揚々と都に戻ったヤマトタケルを見て、さらに天皇は恐怖にかられる。そして、すぐさま東征を命ずる。その仕打ちにヤマトタケルは、「天皇は自分に死ねと言うのか」と泣く。こんなに父・天皇のために命を賭けて闘っているのに、なぜなのかと嘆き、悲しむ。

チラッと、2·26事件の青年将校のことを考えた。天皇のためにと思い蹶起したのに、その天皇の名のもとに鎮圧され、殺された。「なぜだ！」という青年将校の絶叫を、三島由紀夫は『英霊の声』に書いている。

話が先走ったが、ヤマトタケルの〈悲劇〉は全てこの兄殺しから始まる。だから、この事件をもう少し詳しく見てみよう。

三野(美濃)の国造《くにのみやつこ》の祖先の大根王《おほねのみこ》の娘に、兄比売《えひめ》・弟比売《おとひめ》という、それは美しい姉妹がいた。天皇はそれを聞いて、大碓命を遣わして、召し出した。ところが、あまりの美しさに大碓命は驚き、横取りしてしまった。老いた父親には勿体ない。若い自分にこそふさわしいと思ったのか。あるいは都に送り届ける途中に姫たちから誘われたのか。天皇への「貢ぎ物」を奪うなどとは大胆なことをしたもんだ。「なに、父上ならば又、いくらでも手に入れられるさ」と軽い気持ちだったのか。そして、急拠、替え玉の姉妹を見つくろって天皇に差し出す。

普通ならそれでごまかせる。ところが相手は80人も子供を産んだ(産ませた)天皇だ。精力絶倫だし、女を見る眼もこえている。一目見て、替え玉だと見破った。そして女には一度も手をつけない。だが、怒りは顔に表わさない。平静を装っている。しかし、姫に手をつけないという噂を聞いたのだろう。大碓命は、「バレたか！」と動揺した。そして父に合わせる顔がないと思い、自分の屋敷に閉じこもってしまった。今ならば、「引きこもり」だ。

心配した天皇は小碓命(ヤマトタケル)を呼んで言った。「お前の兄の大碓命は、朝夕の食事に姿を見せない。どうしたのか見てきておくれ」と。又、「皆で一緒に食事するようにお前からも言ってくれ」と。この時の天皇の心の内は分からない。「女のことなんかもういい。いくらでも手に入る。欲しかったら直接言えばいいのに。いくらでもやるよ。とにかく、そんなことは気にするな。父子の楽しい食事の方が大事だ」と思っていたのだろうか。多分、そうだったと僕は思う。体もデカイし、力も強い。精力も絶倫だ。巨人だ。心だって広く、大きかったに違いない。小さなことにクヨクヨしてる天皇ではない。

小さなことにクヨクヨしてない
大碓命を見ておいで
はい 行ってきます もぐもぐ

でも、少しは忌ま忌ましいと思ったのかもしれない。「チクショウ、二度と手に入らない上玉を横取りしやがって。わしを馬鹿にしている！」と。いや、天皇だから、「チクショウ」なんて下品な言葉は使わないだろう（たとえ心の中で思うにしても）。でも、大碓命への〈怒り〉はあっただろう。いくら隠そうとしても、それが小碓命に伝わったのかもしれない。

天皇が小碓命に言ってる部分はこうだ。

〈「何とかも汝《いまし》の兄《いろえ》は朝夕《あしたゆふべ》の大御食《おほみけ》に参出来《まゐでこ》ざる。専《もは》ら汝ねぎ教え覚《さと》せ」とのりたまひき。〉

問題は、「ねぎ教え覚《さと》せ」だ。よく教え、さとしなさい、という意味だ。「ねぐ」は、相手の心を和らげることだ。大御食に欠席しているので心配している。元気なら出て来なさい。よく兄に言いきかせなさい、ということだ。しかし、それから5日たっても大碓命は現われない。小碓命は毎日食事に出てたが、大碓命は出てなかったのでしょう。

ちゃんと伝えてくれたのかと不安になって天皇は小碓命に問い質す。

しかし、小碓命は答える。「既にねぎつ」と。「とっくに教えさとしました」と言ったのだ。「如何《いかに》かねぎつる」と重ねて天皇は問う。それに対する小碓命の返答が凄まじい。「朝曙《あさげ》に厠《かはや》に入りし時、待ち捕え搤《つか》み批《う》ちて、その枝を引き闕《か》きて、薦《こも》に裹《つつ》みて投げ棄《す》てつ」。

朝早く、兄が便所に入った時に、待ち構えて、捕らえ、つかみ打って、手足をもぎ取り、こもに包んで投げすてた、と言うのだ。

「よく教えさとせ」と言ったのに、兄に話をするどころか、問答無用で殺してしまったのだ。「その枝（手・足）を引き闕きて」というところなど、思わずゾッとする。天皇だってゾッとした。こんな荒っぽい男をそばに置いておくわけにはゆかない。そう思い、熊曾《くまそ》建《たける》兄弟の征伐を命じる。

〈ここに天皇、その御子《みこ》の建《たけ》く荒き情《こころ》を惶《かしこ》みて詔りたまはく、「西の方に熊曾《くまそ》建《たける》二人あり。これは伏《まつろ》はず礼失《ゐやな》き人等《ども》なり。故《かれ》、その人等を取れ」とのたまひて遣はしき。〉

この部分は重要だ。だから、もう少しこだわってみる。小碓命の「建く荒き情」に驚き恐れて天皇は、都から追いやる。熊曾征伐という名目で。でも、本当ならば小碓命を罰すべきだろう。だって、「よく教えさとせ」という天皇の言葉を無視し、勝手に殺してしまったのだから。でも、罰してはいない。戦いに出陣させている。なぜか。小確命が、天皇の心の中にあった大碓命への憎悪と殺意を見抜いて、即座に殺したからだ。一を聞いて百を知る小碓命の聡明さと実行力に天皇は驚き、恐怖したのだ。

教えさとしてやる
ま、まだ途中なのに

「ねぎ教えさとせ」と言葉はやさしい。しかし、その裏の厳しさをヤマトタケルは瞬時に読みとり、実行したのだ。あるいは、「教えさとす」という言葉も、今の我々が使うのとは違う厳しい意味があったのかもしれない。

だって、今だって、こんなことはある。「総括」という言葉がある。「全体を見渡してまとめること」と辞書には出ている。少し詳しい辞書、たとえば三省堂の『辞林21』には、さらにこう付け加えられている。

〈政治運動・組合運動などで行なってきた運動の方針や成果を自ら評価・検討すること。〉

しかし1972年の連合赤軍事件を思い出してほしい。「評価・検討すること」なんて生やさしいものではない。「総括」は要するに「殺すこと」だった。最近、ある高校生から聞いた話だ。国語の試験で漢字の意味をきく問題があった。「総括」とあったので、即、「殺すこと」と書いたら、職員室に呼びつけられたという。先生は「まとめること」と書いてほしかったらしい。でも、これは生徒の方が正しい。

「粛清」という字も、字面だけ見れば「汚いものを取り除き、きれいにすること」だ。でも、歴史上でこの言葉が使われると、「殺すこと」だ。それも「大量殺人」のことだ。「査問」だって、「問い

総括→殺すこと
粛清→大量殺人
査問→リンチ
正義→強者のエゴ
自衛→攻撃
正当防衛
→挑発してやっつけること

ただす」と辞書にはあるが、ほとんどはリンチし、そして殺すことだ。中国の文化大革命の時は「整風」という言葉がよく使われた。学風・党風・文風の「三風整頓」の意味だという。整理整頓なのだ。でも実態は暴力と流血と殺人だ。

だから同じなのだ。日本の新左翼や、非合法時代の日本共産党、そして世界の社会主義政党は皆、同じだ。「古事記の世界」を生きているのだ。「ねぎ教えさとせ」だって、そんな言葉だったのかもしれない。だから、いくらきれいな言葉でも、これからは総括、粛清、査問……などは使えないだろう。もっとも、使うような社会主義運動はもう再び起きないだろうが。でも、もし社会主義運動が再び起こったとして、では、どんな言葉を使うのだろう。「掃除」とか、「クリーニング」「駆除」という言葉を使うのかもしれない。そしたら、その言葉も血に汚れて、やがては死語になるのだろう。いやいや、中核・革マルの内ゲバでは「ウジ虫駆除」なんて使っていた。害虫同様に見なされて殺されるのだ。

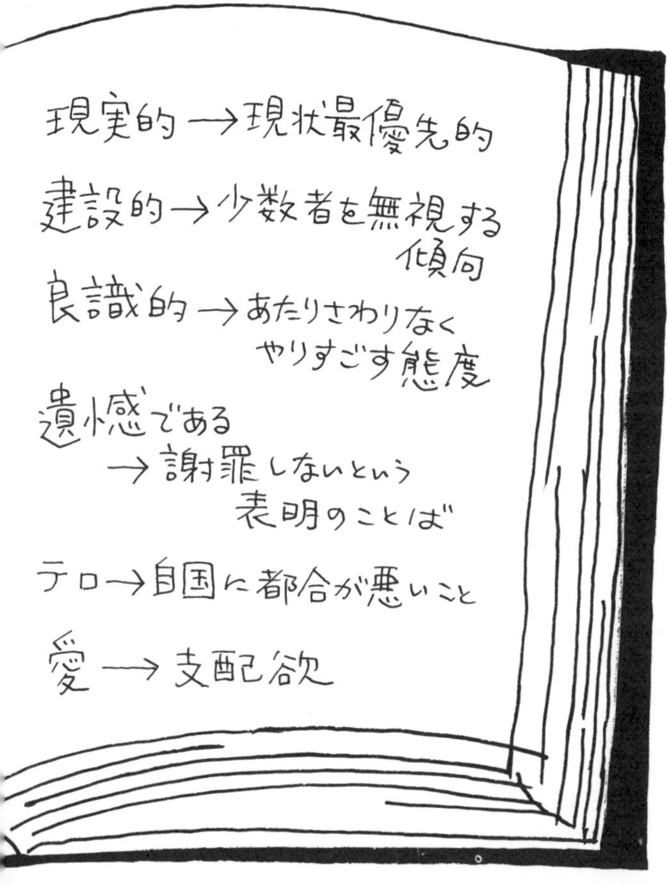
現実的→現状最優先的
建設的→少数者を無視する傾向
良識的→あたりさわりなくやりすごす態度
遺憾である→謝罪しないという表明のことば
テロ→自国に都合が悪いこと
愛→支配欲

『古事記』では、小碓命の荒々しい心と行動に天皇は恐れを抱いたように書かれている。しかし、それよりも、何度も言うように、自らの気持ちを見抜かれたことを恐れたのだろう。

今の我々の感情や倫理観だけで当時を推しはかってはならない。暴力や殺人に対する考え方も、かなり違っていたはずだ。

極端なことを言うと、「その枝を引き闕きて」の部分は今の僕らにはゾッとする不快感しか起きないが、当時の人々は「雄々しい。何て強いんだろう」という感嘆の気持ちを持ったのかもしれない。須佐之男命《すさのをのみこと》が高天原で乱暴狼藉をやるところだって、そこまでやれるスサノヲに対し、感動し、感嘆してるのではないか。書いた人も、読む人もだ。

これについてちょっと思い出したことがある。20年前、中国を訪問した。万里の長城に行った時、これを造った秦の始皇帝をガイドは誉めちぎる。でも、始皇帝は大量粛清をして、人民を殺しまくった大悪党ではないのか。そう思って聞いてみた。

「たしかに失敗もありました。しかし、この広大な中国を統一した英雄です」と言う。この貢献の前には「失敗」などものの数ではないという口ぶりだった。いや、逆に、「これだけ殺したんだ」「これだけの大掃除をしたんだ」とむしろ誇っているようにさえ聞こえた。

『古事記』や『日本書紀』は、中国の歴史書に対しコンプレックスを持ち、「日本だって長い歴史がある。なんせ神様がつくった国だ」と示すために作った。特に公式の歴史書である『日本書紀』はそうだ。それならば、天皇家の争いなど書かず、国生みや全国の平定だって、もっときれいに、立派に書けばいいじゃないかと疑問に思ってきた。国をつくった神々の間でも争いがあり、天皇家の中でも嫉妬、近親相姦、天皇殺し、兄弟殺し……とある。こんなことは隠しておいたらいいじゃないか。特に外国に見せるのなら、なおのことそうだと思った。

でも最近、気づいた。こんな考え方は〈近代〉に毒された考え方なんだろう。古代の人々はもっと大らかだったのだ。嫉妬や争いや殺し合いがある。いつだってある。歴史には明もあれば暗もある。表もあれば裏もある。それを教えたかったのだろう。

さらに、中国の歴史書に対する対抗心もある。善だけではなく、悪のスケールにおいてだって、「うちだって負けないぞ」という気概があったに違いない。国を統一するために、これだけ犠牲を払ったんだぞ、これだけ血を流したんだぞ……と、誇りたかったのかもしれない。だから、神々や天皇や御子たちの荒々しい行動もあえて、大々的に載せたんだろう。

だから小碓命の蛮行だって、「おゝ凄い」「ひゃー、そこまでやるかよ」と驚いて読めばいいのだろう。戦国の豪傑が活躍する物語では、「ちぎっては投げ、ちぎっては投げ」という表現があった。モチをちぎってるのではない、人間をちぎり、投げすてるのだ。これだって小碓命のようではないか。

万里の長城の頂上

だが、小碓命(ヤマトタケル)を「英雄」としたい人々にとっては、この「兄殺し」は、どうにもひっかかるようだ。だから、何とか新解釈をして、英雄を救おうとする。

市川猿之介のスーパー歌舞伎の第1回作品は『ヤマトタケル』だ(1986年)。その原作を書いたのは梅原猛で、その『ヤマトタケル』(講談社)を読むとこうなる。小碓命は兄・大碓命を「ねぎ教えさとす」ために行くが、兄は、天皇に謀反しようとしていた。「仲間に加わるか、それとも死ぬか」と迫られる。小碓命は天皇を裏切ることは出来ない。そして心ならずも兄と刃を交え、倒してしまうのだ。

又、大著『白鳥の王子ヤマトタケル』を書いた黒岩重吾は、大碓命を殺さない。大碓命と姫(天皇から奪った姉妹の上の方)は本当に愛し合っていた。それを見た小碓命は、二人を逃がしてやる。「教えさとす」どころか、天皇に反逆し、暗に天皇を「教えさとす」のだ。「兄上たちはこんなに愛し合っているのです。それなのに兄から姫を取り上げるのは残酷です」と。

映画『日本誕生』は、日本の神話を取り上げながら、メインはヤマトタケルだ。三船敏郎がヤマトタケルに扮していた。親子で見にくるお客が多いことを見越したのか、ヤマトタケルは初めから終わりまで、正々堂々とした英雄だ。だから兄殺しなどしない。それどころか天皇の悪

い側近に迫害される兄を助けて、逃がしてやる。又、後に触れるが、クマソ征伐は雄々しく描くが、その後の出雲健《いづもたける》を騙し討ちにするシーンはない。これはどう考えても正当化できないと思ったからだろう。

では、「兄を助けて逃がした」という話が、全てデッチ上げの、ひいきのひき倒しかというと、そうも言えない。そこが記紀の難しいところだ。だって、『日本書紀』には、この凄惨な兄殺しはないのだ。兄はずっと生きている。小碓命が西征から帰り、次に東征を命ぜられる時は、兄を総大将として推薦しているのだ。

兄殺しどころか、兄弟喧嘩もないのだ。小碓命は兄・大碓命を常に敬愛し、立てている。それどころか、天皇に対しても忠節そのものだ。兄殺しがなかったのだから、東征の理由も、天皇が小碓命の荒々しさを恐れて都から追い払ったのではない。そんな卑劣な天皇ではない。『日本書紀』の景行天皇は、前にも書いたように雄々しく、自ら率先して九州征伐に行く。小碓命などに頼らない。又、この後、九州に行き帰ってきたヤマトタケルは、自ら進んで東征を願い出る。叔母の倭比売命《やまとひめのみこと》に「天皇は自分に死ねというのか」と泣き言を言ったりしない。

この辺は記紀は全然違う。『古事記』は712年に作られた。『日本書紀』はその後の720年に作られた。とすると、兄殺し、天皇への怨みといったドロドロしたものを整理整頓し、天皇の威厳を取りつくろい、外国に対しても「これこそが日本の歴史だ」と胸を張れるように書き改めた。そう思うかもしれない。又、そう思う人が多い。だがはたしてそうだろうか。これから見るように、物語としては圧倒的に『古事記』の方が面白い。だから、712年に『古事記』が作られたのは嘘で、もっと後ではないかと言う人もいる。「『古事記』偽書説」を言う人もいる。『古事記』の原文はあったが、その後、いろんな人が手を入れて〈文学作品〉として面白くし、完成されたものだ、というのだ。梅原猛などは、柿本人麻呂が大部分を書いたのではないかとまで言っている。

両書とも国家的事業として作られたというのなら、なぜ後に作られた『日本書紀』の中に、『古事記』のことが触れられてないのか。それが第一、不思議だという。

両書とも、厖大な資料を集めて作ったものだ。天皇家の記録、地方豪族の記録……と。その中で、『日本書紀』の方が、客観的なものを採って作ったのではないか。それに対し、『古事記』の方は対外的権威や客観的資料ということにかかわらず、資料をまとめ、物語にする時に、かなり自由な思いが入ったのではないだろうか。「事実はこうかもしれない。でも、こう解釈したらより面白くなる」「こうなったらどうだろう」と、まとめる人間、書く人間の「遊び心」が入ったのではないだろうか。

もっとはっきり言えば、歌舞伎的な遊び心だ。歌舞伎は歴史物を題材にしながら、史実そのものではない。もしこうなってたらもっと面白かったろうに、実はこうだとなったら、客はもっと喜ぶだろう……という大胆な改編、編集がやられている。だから実際の義経の史実よりも『義経千本桜』の方が面白いし、こっちの方に義経の悲劇を見て、客は泣くのだ。又、実際の四十七士の話よりも『仮名手本忠臣蔵』の方が面白い、となるのだ。

つまり、『日本書紀』は史実であり、『古事記』は歌舞伎である、と僕は思う。『日本書紀』は史実であると言っても、でも、これだって神話じゃないかと反論されるだろう、その通りだ。しかし、たとえば、天皇のために命をかえりみず戦ったヤマトタケルのような皇子や武将がいたのだろう。それもたくさん、それを一人の人格としてまとめたに違いない。天皇に忠誠を誓い、兄・弟にも優しい武将だっただろう。天皇のために闘い、死ぬことに何の疑問も持たず、喜んで死んでいった。そんな多くの人々によってこの国はつくられてきた。それを、出来るだけ客観的に書こうとしたのが『日本書紀』だ。それに対し、『古事記』は表に出ない読み物として、宮中で読まれた。だから、登場人物も思い切り人間らしく、怒り、悲しみを表現し、泣きわめく。歌舞伎的であり、文学的だ。全てがそうだというわけではない。ヤマトタケルの部分がとりわけ、そうなのだ。ということは、ここだけに集中的に手が加わったのかもしれない。父・天皇との葛藤、兄殺し、出雲建《いずもたける》の騙し討ち、美夜受比売《みやずひめ》との生理問答……。まるで近代文学のようだ。

『古事記』編纂の計画を初めに立てたのは第40代天皇の天武天皇だ。天皇家、貴族、民間に伝わる歴史、系図、伝説、言い伝えなどを集め、稗田阿礼《ひえだのあれ》に命じ、おぼえさせた。しかし、天武天皇が亡くなるまでに完成しなかった。そして中断していたが、第43代の元明天皇の世になって、これは勿体ないと思い、太安万《おほのやすま》侶《ろ》に命じて、阿礼の言葉を文字にするよう言いつけた。そして和銅5年(712年)に『古事記』が完成した。厖大な時間と労力をかけて、国家的事業として完成したわけだ。

この8年後の720年に、やはり国家的事業として『日本書紀』が完成する。だが、8年前に完成した『古事記』のことには一行も触れてない。奇妙だ。だから、「本当はずっと後になって『古事記』は作られたのではないか」という疑問も出ている。

そう思っていた時、田辺聖子の『古事記』(集英社)を読んで、ハッとした。女性ならではの視点に驚いたのだ。太安万侶は実在が確認されているが稗田阿礼はよく分からなかった。でも、稗田阿礼は今まで男だと思われていたが、女性だろうと言う。宮廷の祭儀に仕えた巫女《みこ》だろうと。そして、女性が記憶したものを中心に書き、さらに女性中心で『古事記』は作られたのではないか、と言う。

〈『古事記』は天武天皇の意を受けた持統天皇・元明天皇らの女帝が、後宮で撰進せしめたという説もあり、(『古事記』が男性の手による一切の公的記録から省かれ、黙殺されているのも、暗示的である)、もしそうとすれば、『古事記』の持つふしぎな要素が、納得できる気もする。〉

あっそうかと思った。これは重大な指摘だ。とすると、後の『源氏物語』や『枕草子』と同じように、『古事記』も〈後宮文学〉だということになる。だから『日本書紀』でも無視されたし、男中心の公的記録にも触れられてないのだと。これはありうる話だ。

天皇・皇子・貴族といっても、皆身内の人々だ。家族のようだ。だから後宮では、親しみを込めて読まれ、それを元にペチャクチャとお喋りもされたのだろう。

「『日本書紀』ではヤマトタケルは堅苦しい武将だけど、でも本当は、気の弱いところもあっておばさんに泣きついたりしたのよね」

「そうそう、『父は私に死ねと言うのか!』って言ってね」

「それに東征の時は、ミヤズヒメと交わろうとしたら、彼女が突然生理になったんだって。ガッカリしてたら、ミヤズヒメは、『あまりに待って月日がたったので衣にも月が上ったのよ』と歌を詠んだんですって」

「キャハハハ、うまいわね。驚いてるヤマトタケルの顔が見えるようだわね」

と(現代風に言うなら)こんな会話が交わされていたのだろう。あるいは、そうした会話や感想などが、さらにつけ加えられて、ますます面白い『古事記』になったに違いない。それが後宮文学というものだ。

稗田阿礼
あれも
これも
話しましょう
あれ？
女だったのか…
太安万侶

女あっての
男でしょ
田辺聖子
ひえ〜っ！
あれ〜〜？

これを、『枕草子』を例にして見てみよう。これは清少納言が書いた。しかし、本当は少し違う。むしろ、宮中の人々の「合作」であり、それを清少納言は「書記」したという。これは僕の妄想ではない。『現代語訳・日本の古典』(学研)の「枕草子」で訳・解説を担当した秦恒平が言ってるのだ。

清少納言は一条天皇の中宮・定子に仕えていた。定子のサロンにはほかにも多くの女たちがいて朝から晩までお喋りをしている。定子が、それらの女たちに「春はいいわね」と言うと、「そうですわね。何といっても曙がいいわ」「そうそう、しだいに物が見えわたるのがいいわ」と、てんでに言い合う。「降るものはどうかしら」と定子が言うと、女たちが、「そりゃ雪がいいわ」「いや、あられがいい」と、あられもない話になる。「私は何といっても、みぞれに白い雪のまじって降るのが好きだわ」……となる。そのやり取りを清少納言が記録する。そして一人称で書く。

秦の説を読んで、そうか！　と思った。一人の随筆文として読むよりも、こういう「書記文」として読む方がずっとリアリティがある。

「どんな病気がいや？」と定子が聞くと、「胸の病ね」「もののけよ」「私は脚気」と答えている。まるでサロンの様子が目の前に浮かぶようではないか。「遠くて近いものは何でしょうね」と定子が言うと、「極楽かしら」「いや船の旅よ」「何といっても男女の仲よ」「そうよ、そうよ」とワイワイ、ガヤガヤと言い合ったのだろう。それを清少納言は書きとめて、「遠くて近きもの。極楽。船の旅。男女の仲」と断定的に、さも自分一人の発想のように書いたのだ。当然、「ズルイ！　自分一人で考えたように書いちゃって」「でも、そこが清少さんのうまいところよね」といった話も出たのでありましょう。

今なら、さしずめテレビでやっているさんまの「恋のから騒ぎ」だね。「ムカついた彼の言葉は？」「心に残るプレゼントは？」「カッコいい男の条件は？」……と、さんまが聞き、宮中の(じゃない、スタジオに集まった)女たちがペチャクチャ喋る。あの雰囲気ですよ。今、清少納言がいたら書くでしょうな。「心に残る贈り物。優しき言の葉」……と。

宮中、そして後宮というのは今僕らが考えるよりも遥かに文化的レベルが高かったようだ。『源氏物語』『枕草子』を生み、そして『古事記』を生んだ。女性は何でも生んじゃうんだ。天照大御神《あまてらすおほみのかみ》が須佐之男命《すさのをのみこと》の乱暴に怒り、天の岩戸に閉じこもった時、天之宇受売命《あめのうずめのみこと》が、着物をはだけながら踊り、皆で、やんやと歌い騒いだ。何の騒ぎかとアマテラスがそっと岩戸を開けてのぞいた時に、天《あめの》手力男神《たぢからをのかみ》が手をこじ入れ、ぐいとばかりに開ける。映画『日本誕生』では力士の朝潮太郎がこの役をやっていた。ピッタリだった。

さて、踊るアメノウズメの命だが、ストリップの元祖といわれる。胸は勿論、下まで脱いでの大熱演。子供向けの『古事記』などを見ると、胸をちょっとはだけた絵が載ってるが、とてもそんなものではない。ホトまで出して、ヘアヌード、大股開きで踊ったのだ。これは、男性に対する単なるサービスではなく、作物の収穫への祈りもあったという。つまり、土は作物を生む。女性の性器は子供を生む。ともに生産・豊穣の象徴だ。天照大御神が閉じこもり、真っ暗になってはそれら生産活動も出来ない。早く出てほしい。そして生産活動をしたい。そんな神聖な、真面目な祈りでストリップをしたのだ。

でも、それを読む後宮の人々は、そんな祈りとは関係ない。もう、遠い昔の祈りなんて忘れている。身ぶり、手ぶりで面白おかしく解説しながら読んだのだ。「きっと胸だってこんなに出して踊ったのよ。ポロン」「腰はこうやってクネクネと踊ったのよね」「まアいやらしい。あなた、ストリッパーになれるわよ」……と騒々しく喋りながら読んだのでありましょう。さらにそれが原文に付け加えられたりもしただろう。

天布刀玉命
長白羽命
玉祖之命
天加奈止美命

天の岩戸　堀江友声筆

こんなもんじゃ
ないでしょう……
せめてこのぐらいに
しなくちゃ

アマテラスとスサノヲについて、田辺聖子は前掲書(『古事記』)の中でこんなことも言っている。姉弟のこの二人が天安河《あめのやすのかは》で誓約する場面だ。『日本書紀』では、「若し奸賊ふ心有らざるものならば、汝が生めらむ子は、必ず男ならむ」になっている。つまり、邪心がないなら男子を産むだろうと。ところが『古事記』では、「邪心がないなら女子を産むだろう」になっている。

「このあたり正史である『日本書紀』の男性優位思想と『古事記』は全く発想がちがう。興深いところで、『古事記』のなぞはいよいよ深まる」と田辺は言う。

男性原理の『日本書紀』に対し、『古事記』は〈女性の視点〉で、ちょっと脚色したのかもしれない。「いや、女性原理の『古事記』の方が本来は正しくて、『日本書紀』の方が脚色したのだ」という説もある。つまり、『日本書紀』は外国に見てもらう国史として、「男らしい歴史」を無理に作ったのだという。

たとえば、誰もが知っている「国生み」の神話だ。イザナギ(男の神)とイザナミ(女の神)が大きな柱をめぐってから交わる。初め、女の方から声をかけたらひるこが生まれたので流した。次は男の方から声をかけたので成功した。これは「男を立てなさい」という男性優位の思想が太古からあったからだと一般的には言われてる。

ところが、「男性中心」が当然であり、常識になっていたならば、なぜ初めに、間違ったのか。これは男性原理が本当は確立してなかったからだ。だから、「あら、ごめん」と失敗しちゃった。そういう説もある。うん、この方が説得力がある。

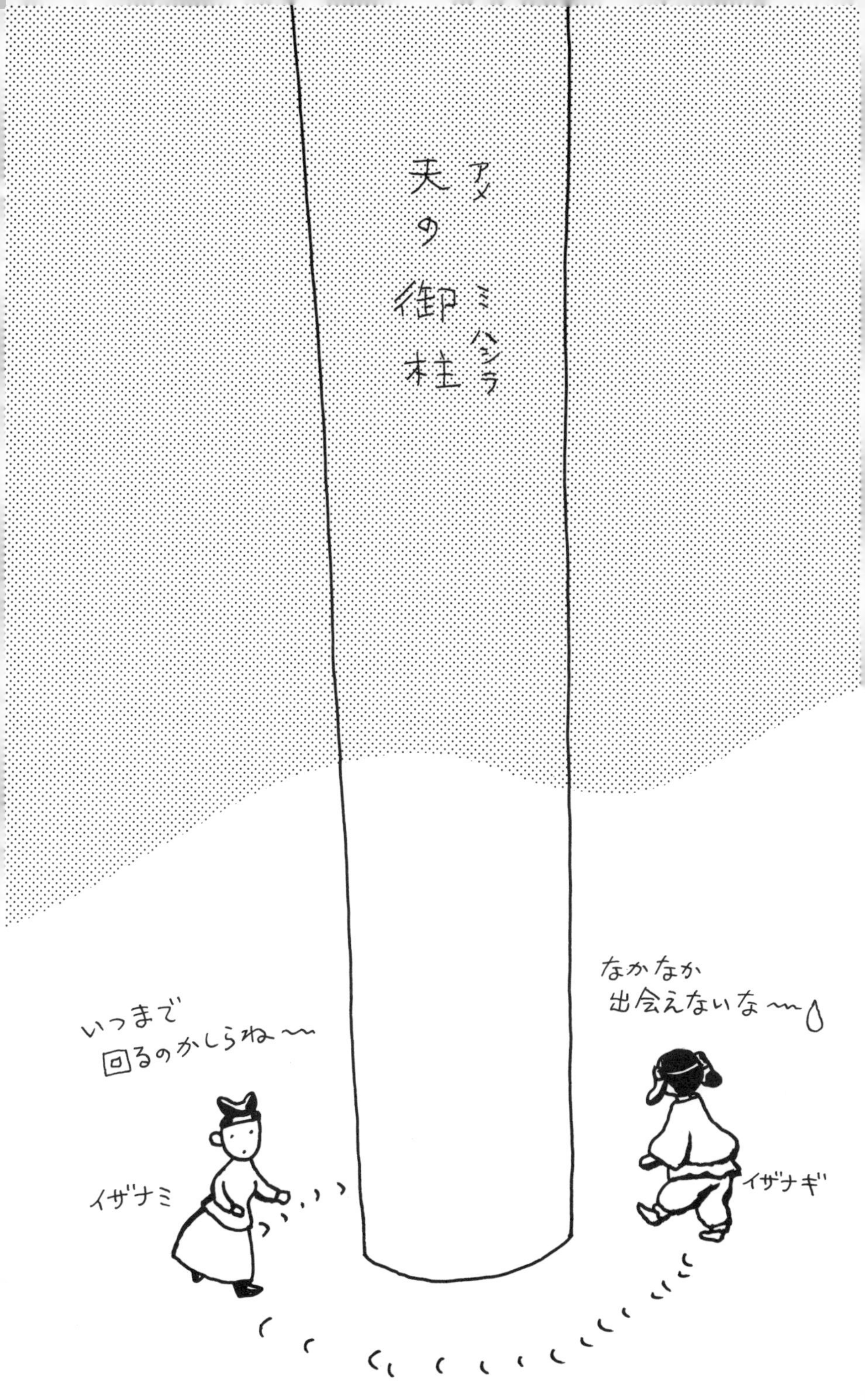
天《アメ》の御柱《ミハシラ》
なかなか
出会えないな～～
いつまで
回るのかしらね～～
イザナミ
イザナギ

3.「もう一人の自分」を殺したのか

神話の世界において、兄弟殺しは結構ある。それも日本だけではない。たとえば、古代ローマの建国神話だ。ロムルスが古代ローマを建国し、初代の王になったと言われている。しかし、レムスという双子の兄がおり、町の囲壁を築いた時、あざ笑ったので、この兄を殺している。そして最後は、ヤマトタケルと同じように神秘的な昇天をとげている(それに後で触れるが、小碓命と大碓命も実は双子なのだ)。吉田敦彦の『日本神話のなりたち』(青土社)によれば……。

「海外の英雄神話の主人公の中には、このように双児の兄弟を持ち、また最後には昇天を遂げたとされている例が多い」という。ギリシャ神話のヘラクレスもそうだという。彼にもイピクレスという双子の兄弟がいた。そして吉田は、「ヤマトタケルを日本のヘラクレスと呼んでも過言ではない」と言う。

これは知らなかった。僕などは〈兄弟殺し〉というとまず思い出すのは、『旧約聖書』の「カインとアベル」だ。ヤマトタケルの兄殺しの話を読んだ時、まず真っ先に思った。僕は高校は仙台の東北学院高校というミッション・スクールだった。だからまず、そう思ったのかもしれない。ただ、こっちは「兄殺し」ではなく、「弟殺し」だ。しかし、日本と西洋で奇しくも、人間の歴史の初めに〈兄弟殺し〉があるというのは単なる偶然なのだろうか。あるいは、世界が混沌と一つだった頃の記憶が各地でずっと伝えられてきたのか。これは人類としての通過儀礼だったのかもしれない。親の愛情を独占しようとして兄弟が争う。あるいは後継者のイスをめぐって争う。そうしたことは大昔からあったのだろう。又、それを通過してきたから人類の歴史はあったのかもしれない。

兄弟殺しとは……
「もう一人の自分」を
殺す行爲か？

では、カインとアベルの話だ。『旧約聖書』によると、神は人間を造った時、まず男(アダム)を造った。でも一人じゃ淋しかろうと思い、アダムのあばら骨の一つをとって女(イブ)を造った。日本の神話と同じく、ここでも男尊女卑だ。生物学的にみたら、女から男が出来る方が合理的だと思うが、文字を書き、記録として残したのは皆、男だったから、どうしても男中心の物語になったのだろう。

このアダムとイブだが、誰もが知ってるように、イブは蛇に騙され、禁断の知恵の木の実を食べる。アダムにも食べさせた。そして神の怒りに触れて楽園を追放される。追放された二人の間に生まれたのが、カイン(兄)とアベル(弟)の男の子だ。人類初の子供であり、人類初の兄弟だ。兄のカインは農耕者、弟のアベルは羊飼いだ(これは農耕民と遊牧民の対立を表わした神話だという人もいる。日本ならば、さしずめ海の民(海彦)と山の民(山彦)の対立だ。生活・慣習・文化の違う人々(や民族)との葛藤、対立は、このように人間の物語として集約され、擬人化されることが多い)。

この兄弟はライバル意識が強かつた。ある日、神に捧げる供え物の競争になった。カインの捧げ物は、畑の収穫物。アベルのは子羊だ。神はアベルの供え物を喜んだ。なんともエコひいきの強い神だ。カインは屈辱に打ちのめされ、嫉妬し、アベルを野に誘って殺害してしまう。

有島武郎には『カインの末裔』という小説があるが、僕らは全員が、カインの末裔なのだ。兄弟殺しの子孫なのだ。この広い世界で兄弟は二人きりだ。いや子供は二人きりだ。だから、よほど仲良くなって協力してゆくか、あるいは他を排除して自分だけが後継者となるか、どちらかだ。

山形孝夫の『図説・聖書物語　旧約篇』(河出書房新社)によると、メソポタミア神話に、牧羊神と農耕神の対立が描かれており、これが「カインとアベル」の話の原型だろうという。

ただ、このメソポタミア神話は喧嘩するが最後は和解し、めでたし、めでたしで終わる。これを基にしながらも、聖書では、羊飼いの弟を、農耕者の兄が殺す。農耕民を悪と断ずるヘブライ神話になる。その地方地方の、生活・伝統によって物語も変えられたのだろう。又、その話にリアリティを与えるために神は利用されたのだ。つまり、農耕民と遊牧民の対立がここでは描かれ、さらには、父(神でもいい)の愛を独占しようとして争う兄弟の姿がある。民族の問題であり、人間の問題だ。

神
あ〜〜〜っ!
今日はたまたま
肉が食いたかっただけなのにぃ!!
カイン
アベル

カイ〜ン
カイン
アベル

ところが、日本の〈兄弟殺し〉は、実はもっと深い、人間の実存的な悩み、苦しみに根差している。

「こっちだって、父(天皇)の愛を独占しようとして争っただけだろう」と思うかもしれないが、違う。兄・大碓命と弟・小碓命(ヤマトタケル)は実は、双子の兄弟なのだ。つまり、小碓命は自分と同じ顔をした兄を殺したのだ。まるで、自分自身を殺すようではないか。

ここで考えた。人類の歴史の中で、兄弟で殺し合うのはいくらでもある。しかし、双子の兄弟で殺し合うのは、あまりない。前に見たように、古代ローマを建国したロムルスや、ギリシャ神話のヘラクレスは双子の兄弟で殺し合った。だが、例外だ。例外的なケースだから、特筆されたのではないか。双子の心理は分からないが、たとえ喧嘩しても、実際は殺し合いまでいかない。そんな気がする。自分で自分を殺すような気がするからだろう。でも、『古事記』の小碓命はやった。

だからこれは、「もう一人の自分」「分身」を殺したのかもしれない。
　梅原猛は言っている。

〈天皇が語った意味がわからなかったはずがない。おそらく、彼は、わざと天皇の言葉を勝手に解釈し、ずるくて臆病なもう一人の自分を抹殺したのであろう。〉（学研版・現代語訳「日本の古典」の『古事記』より）

　ということは、自分の中にも天皇への謀反の心があるのだ。後に、「父は自分に死ねと言うのか」と嘆いているのだし。その心を斬ろうとした。そういう内面的葛藤をもっとドラマチックに『古事記』では表現し、双子の兄殺しという物語にしたのかもしれない。そうすると、日本の神話もなかなか深い。聖書の弟殺しが古代演劇だとすれば、小碓命の兄殺しは心理的描写を主とした近代演劇といえる。

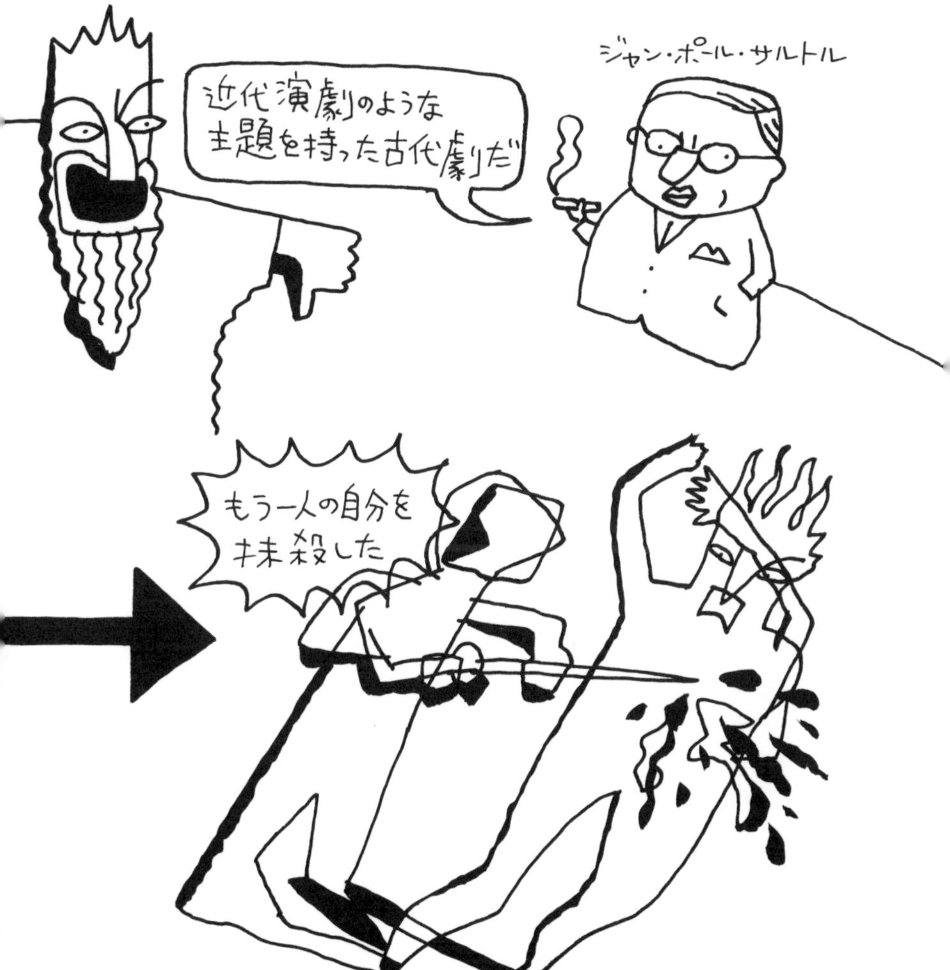

ただ、小碓命の兄殺しの話は『古事記』に書かれているだけで、『日本書紀』にはない。これは前にも書いた。『日本書紀』では小碓命は兄と喧嘩もしないし、いつも兄を立てている。しかし、双子だということに関しては『日本書紀』がいやに詳しく、生々しく書いている。

景行天皇と皇后(播磨稲日大郎姫《はりまのいなびのおほいらつめ》)の間に二人の男が生まれた。二人は同じ胞《えな》に双生児として生まれた。天皇はこれをいぶかって、碓《うす》(臼)に向かって叫び声をあげた。それでこの二人の王《みこ》を名づけて大碓・小碓といった。

エッ、本当かいな、と叫びたくなる話だ。こんなことで皇子の名前は付けられるのか。でも、なぜ臼に向かって叫んだんだろう。又、何と叫んだんだろう。宇治谷孟は『全現代語訳　日本書紀』上(講談社学術文庫)の中で、その部分につき、こんな「注」を書いている。

〈難産のとき、夫が臼を背負って、家をまわる習俗の地方があったことから、景行天皇も臼を背負っていなければならなかったので、思わず臼に向かって、「コン畜生」と叫んだという説もある。〉

これも、ビックリな説だ。どこの地方にそんな習俗があったのだろう。都のそばなのか。しかし、民間にそんな習俗があったとしても、天皇がするんだろうか。重い臼を背負って家をまわるなんて。やっと生まれたと思ったら、「もう一人います」と言われて、「コン畜生」と叫んだという。天皇もそんな下品な言葉を発するのだろうか。でもこれが本当なら、小碓命は「望まれない皇子」だったし、「コン畜生」なんだ。そうすると、その後の「父と子」の葛藤、対立も理解できる。

でも、臼に向かって叫んだというのは『日本書紀』に書かれてるだけだ。そして『日本書紀』では、「父と子」の対立はない。とすると『古事記』は、この話を基にして、「父と子」の対立を作ったのではないか。

何も『日本書紀』を読んで、その上で『古事記』は話を作ったというのではない。両方とも厖大な話を収集し、そこから物語をまとめた。そのルーツ、資料になる話を見て、特に「コン畜生」の話を基にして、父にいじめられる子の話を考えたのではないか。

ここまで書いてきて新たな疑問がわいた。双子の場合、後から生まれた方が兄になるという。そんな話を聞いた。先に仕込んだから奥にいるわけだ。したがって、先に生まれ出た方が弟になる。そうすると臼を背負っていた景行天皇は、小碓命(ヤマトタケル)が生まれた時、ホッとして、ああよかったと思った。ところが、「もう一人いますよ」と言われて、ガクッとして、「コン畜生」と叫んだ。その叫んだ相手は兄の大碓命になる。

そうすると小碓命を怨み、憎む理由はなくなる。もしかしたら、この時の怨みが長く尾をひき、小碓命に命じて大碓命を殺させたのかもしれない。いやいや、それでは話があまりに下品になる。ともかく、いろんな解釈を許し、謎が謎を呼ぶ「出生の秘密」だ。

おぎゃ〜〜
やれやれ
コンちくしょ〜〜!
もう一人いるんです

4．女装して熊曾《くまそ》を討つ！

さて、小碓命の熊曾《くまそ》征伐だ。兄・大碓命をいとも簡単に、そして残酷に殺した小碓命の荒々しい性格に驚き、恐れた景行天皇は、そばに置いては危ないと、熊曾征伐に向かわせる。父・天皇に疎まれているとは知らない小碓命は喜び勇んで出発する。

この時、小碓命は年はまだ15歳。髪を額のところで結っている。少年の髪かたちだ。九州に出発するに当たり、叔母の倭比売命《やまとひめのみこと》を訪ねる。そして、叔母さんの着物と短剣をもらい、出発する。「その姨《をば》倭比売命の御衣《みそ》・御裳《みも》を給はり、剣を御懐《みふところ》に納《い》れて幸行《い》でましき」と『古事記』には書かれている。短剣は分かるが、なぜ、叔母さんの着物などをもらったのか。叔母さんに憧れていたから、身につけていた着物が欲しかったのか。それもあったかもしれないが、クマソ兄弟をどうやって討ち取るか。そればかり考えていたのだ。「よし、女装して油断させ討ち取ろう」と考えたのだ。そのために着物をもらった。相手は警戒も厳重にしているだろう。なかなか館に入れない。でも小碓命は15歳で美形だ。女に化けても十分に通用する。それでいこうと思った。

この叔母の倭比売命は大事な場面で二度も小碓命を助けている。まず、西征（九州行き）の時には、着物と短剣を与え、クマソ征伐を成功に導いている。ここで気がついたが、もしかしたら、着物を与えたのは彼女の発想かもしれない。「そなたは女にしたいようないい男だ。そうだ、女装してクマソタケルの館に入ったら誰も怪しまない。楽々と討てるだろう」と言って、自ら、着物を与えたのではないか。とすれば、彼女こそが最大の軍師だ。諸葛孔明のような存在だ。

それは考えすぎだと言われるかもしれないが、これには根拠がある。ヤマトヒメ命は、景行天皇の妹で、伊勢神宮の斎宮だ。とすれば、この叔母の進言・力だということは、伊勢神宮のおかげだということだ。西征から帰ったヤマトタケルは、休む間もなく天皇に東征を命じられている。「父は私に死ねと言うのか」と、この叔母に泣いて訴える。それをなだめて、エゾの地に行かせる。その時、又もや大事な贈物をする。草那芸剣《くさなぎのつるぎ》と小さな袋だ。草那芸剣は昔、スサノヲの命《みこと》が八俣大蛇《やまたのをろち》を退治した時に手に入れたものだ。もう一つの袋は、実は火打ち石だった。ヤマトタケルは敵の罠におちいり死にかけた時に、この剣と火打ち石によって、やっとのことで死地を脱出した。

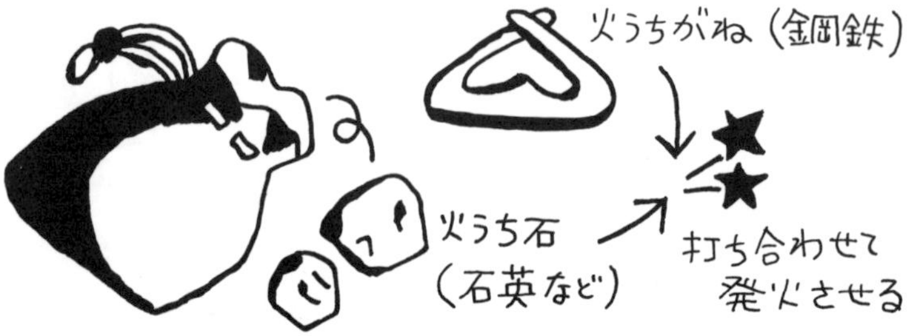

つまり、ヤマトタケルは伊勢神宮のおかげ、力で西征も東征も勝つことが出来たのだ。ヤマトタケルの物語というよりは、「伊勢神宮物語」なのだ。いや、「伊勢神宮縁起」なのだ。

伊勢神宮は皇室の祭祀をする最高の存在として社格を超越するものだ。皇室、ひいては日本を護る神社だ。

神社やお寺には「縁起《えんぎ》」がある。社寺の起源・由来や霊験などの言い伝え、またそれを記した文献のことだ。福岡の天満宮は菅原道真の怒りを鎮《しず》めるために建てられたとか、神田明神は平将門の霊を鎮《しず》めるために祀《まつ》ったとか。又、全国には、このお寺は弘法大師が建てられたと、だから、こんな不思議なことがあった、こんな奇跡が起こった……。そういった話がある。「縁起絵巻」というものもある。社寺建立の由来や神仏の霊験を描いた絵巻物だ。いわば社寺の「ＰＲ本」だ。

ヤマトタケルの物語も、そう読めないこともない。特に、東征だ。伊勢神宮（の斎官）からもらった草那芸剣と火打ち石で危機を救われた。そして戦は連戦連勝だ。ところが、美夜受比売《みやずひめ》との愛欲におぼれて、草那芸剣を忘れて戦いに行き、初めて敗れる。それが彼の死につながる。これではまるで伊勢神宮をないがしろにしたために神罰が下ったとでもいうようだ。

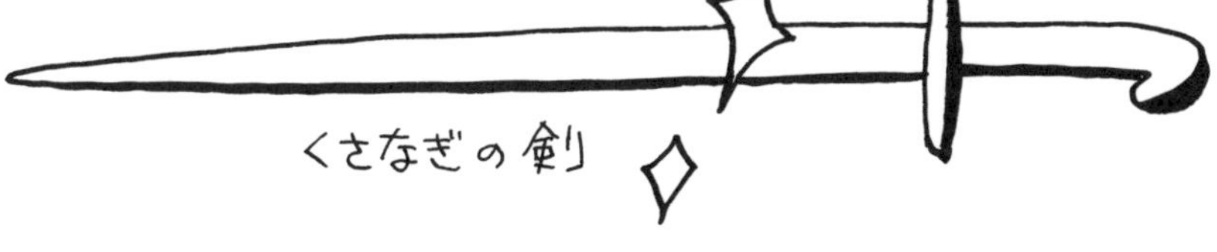

「神剣を手放して大神の加護を失った大和の英雄の末路が自滅の一途であることを物語る」と砂入恒夫は言う。(『ヤマトタケル伝説の研究』近代文芸社)

砂入は、ヤマトタケルの物語としてまとめられてるが、実は西征と東征は別の話ではないかという。つまり、東征(エゾ征伐)は、伊勢神宮の威力を誇示し、あらわした話で、それをここに挿入したというのだ。

これは、あり得ると思う。西征だって、伊勢神宮の力は大きいと思うが、東征ほど露骨ではないし、〈剣〉の役割が違ってると砂入は言う。西征伝説の剣は、あくまでも人を斬り殺す武器として語られる。ところが東征伝説の剣(草那芸剣)は、「神剣」だ。又、「悉た山河の荒ぶる神、また伏《まつろ》はぬ人等を言《こと》向《む》け和《や》平《は》」すものとして抽象的、理念的に語られている。又、西征ではクマソタケル、イヅモタケルという、具体的な名のある敵がいた。しかし東征では、山河の荒ぶる神とか沼の中にすめる神とか、名前がない、具体的な敵ではない。走水の渡りの神、伊吹の山の神、のように抽象的だ。

つまり、東征伝説の背後には、ヤマトタケルに敵対する勢力を抽象的に記し、それが顕在化することをできるだけ避けようという配慮が働いていると、砂入は言う。西征では敵を斬り殺したのに、東征では「言向け和平」す。つまり、伊勢神宮の力で、話し合い、平和的に従わせたのだ、となる。そして結論としては、こう言う。

〈ヤマトタケル東征伝説の根本的性格をあらためて検討してみると、この伝説は伊勢大御神宮の神剣“草薙剣”にやどる、伊勢の大神の威力を誇示する、所謂、神威譚として形成されたものであることが考えられる。〉

『古事記』や『日本書紀』を作る時は、天皇家の記録だけでなく全国の貴族、豪族、神社などの記録、言い伝えなど、厖大なものが集められた。だから部分的には、伊勢神宮縁起も大きく取り入れたのだろう。それにしても、これだけ、まとまった物語として、今でも読む者をワクワクさせる。さらに謎解きに夢中にさせる。その意味では、凄い古典である。

ところで黒岩重吾の『白鳥の王子ヤマトタケル』(角川文庫)の「西戦の巻」(上)に出てくる倭《やまと》姫《ひめ》王は、もっと重要な位置を占める。卑弥呼のような祭祀の女王だ。つまり国の祭事の中心だ。だが新しい時代の流れとして、兄の天皇が前面に立った。だから天皇は何か事があるとこの女王を通し、神にうかがいを立てている。彼女は『日本書紀』『古事記』では、斎宮《いつきのみや》として伊勢神宮に仕えたと書かれているが、これは違うと黒岩は言う。

〈四世紀後半には、伊勢神宮などなく、もし存在していたとしても伊勢神社という地方社で、大和の王家とは関係はない。そういう時代に倭姫王が伊勢神宮や伊勢大神＝天照大神に仕えるはずはなく、後世の創作である。倭姫王は、三輪王朝の巫女的な女王として、巻向宮《まけむくのみや》に近い、初瀬川の上流の聖なる地に住んで、神事を行なっていたと考えられる。〉

そうするとやはり、伊勢神宮の縁起を語り伝えるための話が入り、それを中心に編集し直されたのだろう。

そうだ。「ヤマトタケルは実は天皇だった」という説がある。いろんな資料、文献もある。単なる説ではなく、ちゃんとした「学説」だ。天皇だったから、伊勢神宮の神剣を持ち、その神威によって護られ、敵を「言向《ことむ》け和平《やは》」した、となるのだろう。天皇にしか使われない敬語がヤマトタケルに使われたりしている。又、『常陸国風土記』には天皇と記されている、という。「別冊歴史読本・古代史シリーズ」の『検証。古事記・日本書紀の謎と真実』(新人物往来社)では、第三章が「ヤマトタケルは天皇だったのか」であり、この問題を詳しく論じている。折口信夫は、天皇の御子の中でも有力な者は天皇と見まちがえられることがある、という。この辺が真実かもしれない。ある時代、ある地方では天皇と変わらぬ待遇を受けたのだろう。天皇の名代で行くから、これも当然だ。特に東征の場合は、神聖性、宗教性が物語に加わっているし、「天皇」に近い書かれ方をしている。

では話を本筋に戻す。小碓命(ヤマトタケル)の熊曾征伐だ。叔母のヤマトヒメの命から着物と剣をもらい、勇んで九州に行く。目指すクマソ兄弟の館に着くが、軍勢が三重に囲み、警戒は厳重だ。そして、どうも館の新築祝いの準備をしてるようだ。その祝いの日を待って忍び込むことにした。まず髪を少女の髪形のように垂らし、叔母からもらった着物を着て、少女に変身した。そして、出入りする女たちにまじって館の中に入った。敵兵は警戒していても、女子供には全く警戒してなかったのだろう。簡単に入れた。小碓命は15歳の美少女に変身している。地方の人間にはない気高さ、初々しさもあったのだろう(女性になったばかりだから初々しさがあるのも当然だろうが)。「おっ、こんな美しい女がおったのか」とクマソ兄弟の目にもすぐにとまった。「近う、近う」と呼びつけて、兄弟の間に座らせて、お酌をさせ、兄弟は大いに飲んだ。小碓命も色っぽく、しなだれかかりながら酒をすすめる。

女装したヲウスノミコト(浅井コレクション蔵)

クマソ兄弟も酔い、宴もたけなわに入った時だ。この時とばかり、小碓命は豹変した。懐より剣を出し、まずは兄の衣の衿を左手でつかんで、右手でその胸に剣を深々と突き刺した。この一刺しでクマソ兄は絶命した。これを見た弟は逆襲してくると思いきや、あまりの事に我を忘れ、恐怖して、逃げ出した。酒の席とて油断し切っていたし、剣もそばに置いてなかったのだろう。あるいは剣を取りに立ったのかもしれない。小碓命は「逃げるか。卑怯者!」とばかりに追う。

「すなはち追ひてその室《むろ》の椅《はし》の本《もと》に至り、その背《そびら》の皮を取りて、剣を尻より刺し通したまひき」

と『古事記』には書かれている。館の中の階段のすみに追いつめて、まず背中をむんずとつかんだ。こんな場合、普通なら肩をつかむのだろうが、逃げる相手を捕まえるのだ。そうはうまくゆかない。それに相手は前かがみになっていたのだろう。背中の真ん中に左手がかかった。そのまま、皮も肉もまとめてつかみ、押さえつけて、右手に持った剣で、尻から刺し通した。まるで鮎の串刺しのようだ。

初めてこの部分を読んだ時、気持ちが悪くなった。何て残酷で、野蛮で、下品な男だろうと思った。小碓命がだ。兄を殺した時だってそうだ。トイレで捕まえて殺し、手足をバラバラにして、捨てている。バラバラ殺人だ。トイレに隠れていて、待ち伏せした、というのも卑劣だ。天皇の命ならば、堂々と対面し、それでも聞かない時は討ったらいい。あるいは、腕では兄にかなわないと思ったから、騙し討ちをしたのか。

今度だって、女装して、館に忍び込み、武器を持たず、酔っ払った兄弟を次々と殺している。しかも、弟は、尻から剣を差し通したのだ。嫌だな、尻から刺されるなんて。クマソ弟も痛かったろう。それよりも屈辱的だったろう。

「尻から剣を刺す」というのは、何か別のことを象徴したのかもしれない。フロイトならば何と解くだろうか。女装した小碓命というのも意味深だ。あるいはベッドに誘って、自分が貫かれる前に、相手を貫いたのかもしれない。それを、こういう男性的な物語に変えたのか。でも、そうするとクマソ兄を殺す前でなくてはならない。面倒だ。三人でベッドに入っていた時に事件は起こったのかもしれない。３Ｐ殺人事件だ。

「そんなことを考えるなんて不敬だ！許さん！」と世の天皇主義者から叱られるかもしれない。しかし、これは神話だ。何も天皇の権威を強化するために作った話ではない（世の中には、そう思ってる人がいるので困る）。日本人の祖先たちは、こんなに雄々しく、戦い、でも時には失敗もし、お茶目なこともしてこの国をつくってきたんだよ、というお話なのだ。だから、今の我々からみたら、卑怯で、下品で、残酷な話もあるだろう。でも、それら全てを含めて、「それが人間さ」と思っていたんだろう。

それに、「人を殺すこと」が単純に悪いとは思わなかったし、バラバラにしたり、尻から刺し貫くのも、「おうおう、そこまでやるのか」「凄い！」と手を打って喜びながら、読み、聞いていたのではないか。その当時は。

兄はトイレで殺し、クマソ兄弟は酒で酔わせて殺した。トイレと酒（それにベッド）は、人間が一番ホッとし、気持ちがゆるむ場所だ。ゆるむ時間だ。そこを狙ったのだ。「何と頭のいい男だ！」とこの話を聞いて人々は思ったことだろう。

そうだ。スサノヲの命に小碓命は似ているといった。殺し方の残忍なところや、気性の荒々しいところだ。スサノヲは櫛《くし》名田比売《なだひめ》を救う時、八俣大蛇に強い酒を飲ませて、その上で殺した。クマソ殺しと同じやり方だ。スサノヲのやり方を習ったのか（そういえば映画『日本誕生』ではヤマトタケルとスサノヲを三船敏郎が一人二役で演じていた。現実の物語だって、一人二役かもしれない、と今ふと思った。ある一人の男の話を二つの物語に分けた、とか。まァ、これは考え過ぎだろう）。

いや、小碓命がスサノヲのやり方を真似たのではなく、天才的な武将ならば、同じことを考えるのだろう。小さな軍勢で大軍に当たる時にはどうするか。相手が安心し切っている盲点を突く。トイレに入ってる時、酒を飲んでる時、女を抱いてる時。あの織田信長だって、今川義元の大軍を破った時は、「まさか」と思った点を突いた。源義経が断崖絶壁から馬に乗って平家を攻めた鵯越《ひよどりごえ》のさか落としの時もそうだ。「絶対に敵は攻めてこれない」「これなら安全だ」と思っている、その慢心・油断を突いたのだ。

クマソタケルに おそいかかる.　（浅井コレクション蔵）

さて、話を戻す。小碓命がクマソ弟を殺す場面だ。背中をつかみ、そして尻から剣を差し通した。その時だ。「待ってくれ」とクマソ弟は言う。と言っても「命ごい」ではない。命ごいでは遅すぎる。尻から剣を差し貫かれてはもはや助かりようがない。命ごいではなく、「死ぬ前に、話しておきたいことがある」と言うのだ。

〈その刀《たち》をな動かしたまひそ。僕《われ》白《ま》言《を》すことあり。〉

抜かれたり動かされると即、絶命する。刺した剣をそのままにしておいてくれ、少しの間でいい、最後に話す時間をくれというのだ。「よし分かった」と小碓命は剣を押し付けたまま話を聞く。

「あなたはどなたですか」とまず、クマソタケルは聞く。

「吾は、大八島国をお治めになっている大帯日子淤斯呂和気天皇《おほたらしひこおしろわけのすめらみこと》の皇子で、名は倭男具那王《やまとをぐなのみこ》だ」と名乗りを上げた。そして言う。「お前たちクマソタケル兄弟は朝廷に服従せず礼を欠いている。天皇がお前たちを征伐せよとお命じになり吾をつかわしたのだ」。

「そうでしたか」とクマソタケルは苦しい息の下で言う。「西の方には我々二人の他には強い者はおりません。しかるに大和の国にはこんな強い人がいるんですね。ここはぜひ、御名前を献上させて下さい。これからは倭建御子《やまとたけるのみこ》とお呼びして、たたえましょう」。

「分かった」とばかり頷いて小碓命は止めを刺す。

「このこと白《まを》し訖《を》へしかば、すなはち熟爪《ほぞち》の如振り析《さ》きて殺したまひき。故、その時より御名を称《たた》へて倭建命《やまとたけるのみこと》と謂《い》ふ。然《しか》して還《かへ》り上《のぼ》ります時に、山の神、河の神、また穴戸《あなと》の神を皆言《こと》向《む》け和《やは》して参上《まいのぼ》りたまひき」とある。

まるで熟したウリを引きさくように切り殺したのだ。これも残酷だ。だが、尻から剣を突き刺したと書いたから、そのまま差し込んで二つに切ったら、ちょうどウリを切る時のようかな、と想像して、この描写にしたのだろう。戦記物にあるような、「バッタバッタと切り倒し」「ちぎっては投げ……」と同じように、劇画的、誇張的表現なのだろう。

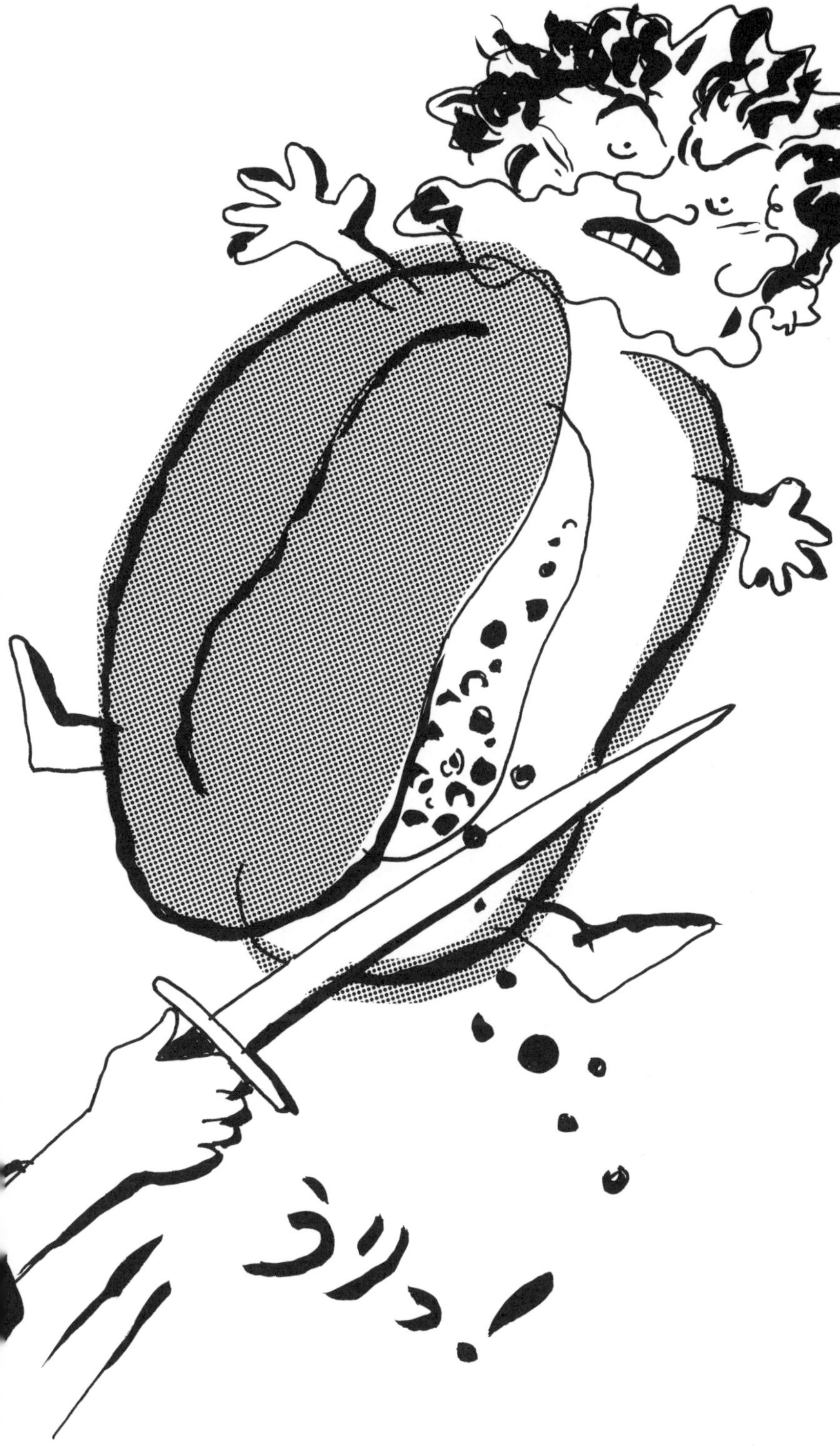
うりっ！

5．敵からもらった称号「ヤマトタケル」

でも大事なのはその次だ。クマソタケルの名をもらって、小碓命は「ヤマトタケル」と名乗ったのだ。ここでやっと「ヤマトタケル」になるのだ。『古事記』では倭建命、『日本書紀』では日本武尊と漢字を当てている。

「でも、変だな」と思っていた。この話を初めて聞いたのは高校生の時だった。映画『日本誕生』で知ったのが初めてか。だったら、「初めて見た」のは高校生の時だ。それ以来、人に聞いたり、本で読んだりした。「ヤマトタケル」の物語のハイライトだから、何十回、いや何百回も見聞きした。そのたびに、「ちょっと変だな」と違和感を抱いていた。

だって、クマソ兄弟は西の国では、勇者として聞こえていた。でも、小碓命の智略の前には、いとも簡単に、それこそ、熟したウリを切るように、切られてしまった。そんな弱い、だらしのない敵の名前なんかもらって嬉しいのだろうか。「馬鹿野郎、お前の名前なんかいるか！」と僕だったら言ってやるな。映画『日本誕生』では、監督もそんな疑問を持ったのか、この二人にもう少し複雑な背景を与えている。ヤマトタケルは三船敏郎で、クマソタケル弟は鶴田浩二だ。この弟は、兄と違い、実は大和朝廷とは闘いたくない、何とか話し合い、平和共存しようと

考える。小碓命の噂も聞き、尊敬していた。しかし、話し合うチャンスもないままに時が過ぎ、そして新築祝いの日、いきなり女装したテロリストに兄が殺された。弟としては戦わなくてはならん。しかし、強い。俺たち兄弟が一番強いと思っていたのに、こんなに強い奴がいたのか。もしかしたら、噂に聞いていた小碓命か、と思った。尻から剣を刺し貫かれ、今わの際に、聞いてみた。やはり、小碓命だ。死ぬ前に、自分の気持ちを訴える。大和の朝廷に仇なす者ではないし、小碓命の武勇を聞き、お会いしたいと思っていた……と。この瞬間に二人の勇者の間に友情が生まれた。そして、クマソの最後の願いだ、聞いてやろうと、名前をもらった。そして止めを刺してやる。

あるいは、本当にこんな事情があったのかもしれない。『古事記』はあまりに簡潔な記述なので、それだけ想像がふくらむ。この描写は『日本書紀』も大体同じだが、違うところは、このクマソ討伐の前に、父の景行天皇がクマソ討伐をすでにやっているのだ。その描写の方が長いし、詳しい。それにもかかわらず、クマソは再び叛いた。それで怒って小碓命に攻め滅ぼせ、と命じたのだ。こうなると、憎悪に満ちてやってきた小碓命と、それなりの覚悟をして逆らったクマソの間に、〈友情〉が育つとは思えない。だから『古事記』の方が、ずっと文学的だ。

ついでに言えば、『古事記』の方が歌舞伎的だ。歌舞伎では、死ぬ間際に「実は……」と告白する場面がよくある。『義経千本桜』や『菅原伝授手習鑑』にもある。悪人だと思われていた人間が、自ら切腹し（あるいは斬られ）、死ぬ間際に、「実は……」と言う。悪人のふりをしていたが本当は忠義な者だったのかと周りの人間も驚き、涙する。観客の涙も誘う。とすると、『古事記』は、歌舞伎の元祖かもしれない。

ここで名前について考えてみたい。クマソタケルはクマソ(地方)のタケル(勇者)という意味だ。この後、都へ帰る時に、イヅモタケルという男と戦うが、彼は出雲地方の第一の勇者(タケル)という意味だ。タケルは固有名詞というよりも、「最も強い人」という称号だったのだろう。今で言えば、K－1やPRIDEなどの格闘技の「チャンピオン」だ。ただ、そういうチャンピオンベルトが地方ごとにあった。九州地区のチャンピオンだったクマソは負けて、ベルトを返上した。「あなたこそ、日本最強のチャンピオンです。だから、日本(ヤマト)のチャンピオンと名乗って下さい」。そう言ったんだよ、クマソタケルは。帰路、イヅモ地方のベルトも奪った。そして名実共に、最強の男となった。

ベルトを持ってる男だからといって、中には意外に弱い者もいるだろう。何だ、口ほどにもない奴だ、と小碓命も思ったのかもしれない。だから、人間ではなく、まるでウリを切るように、切り捨てた。でも「タケル」はチャンピオンベルトだ。ありがたくもらったのだろう。

ちょっと話がずれるが、人間が猛獣と闘う時を考えたらいい。昔、世界中どこだって、狼や虎や熊などの猛獣を倒したら、その肉を食い、皮をはいで身に付け、頭にかぶったりした。それは単に、腹が空いてたから、着るものが欲しかったからではない。猛獣の肉を食い、その皮を身に付けることによって、その強さ・勇気・敏捷さを自分のものにし、身に付けたかったからだ。食べることにより、その〈強さ〉が自分の体内に入る、そう実感したのだ。

猛獣狩りは命がけだ。でも、時にはワナを仕掛けたり、眠ってるとこを襲ったりして、簡単に狩った時もあっただろう。酒を飲ませて酔っ払わせて殺したかもしれない(虎や熊は酒を飲まないか)。でも、いくら簡単に殺しても、それが猛獣だったことに変わりはない。その猛々しさにあやかろうと、食い、皮革にしたのだ。

クマソタケルだって、元々は猛獣のようなものだ。智略で、たまたま勝っただけだ。それに、『古事記』では、そっけなく一行で書かれているが、本当は激闘がかわされたのだろう。あるいは小碓命の方が攻めたてられ、劣勢だったのかもしれない。いや、きっとそうだ。階段に追いつめられたのは小碓命の方だった。そして地面に倒された。南無三、これで終わりかと小碓命だって思った。「勝った！」とクマソも思った。その時、下になっていた小碓命の剣が伸びた。そして、ちょうど尻に当たり、貫いた。

うん、きっとそうだろう。尻に剣を刺し込むというのは、こういう状況だから出来たのだ(映画でも、こんな様子だったような気がする)。「卑怯だ！」とクマソタケルは思っただろうが、でも次の瞬間、思い知ったに違いない。敵の技量と、己の未熟さを。名前を聞いてみたら天皇の皇子だという。ああ、この方があの噂に聞こえた小碓命か。だったら自分が負けるのも仕方がない。そして思った。「タケル(勇者)」などと名乗っていた自分が恥ずかしい。この名は、小碓命のような本当に強い、そして智力あふれる人にこそふさわしい。どうぞもらって下さい。……そう言ったのだろう。

これは小碓命も、クマソタケルを真の勇者と認めたから、その名前をもらったのだ。絶命するまでのほんの短い時間だが、二人の間に友情が生まれ、男が男を知ったのだ。そして死んだクマソタケルはヤマトタケルの中に生きた。

この場面は、このように、本当は深い意味があると思う。もっと言うならば、日本人の良さを表わしている。又、これから後、日本人はこうした広い心で生きなさい、という示唆を示している。そんな気もする。

ここで少し、突飛な話をする。明治維新のことだ。明治維新は、いわば革命だ。全てが変わった。だが、国旗は変わらなかった。外国ならばそんなことはない。フランス、ロシア、中国の革命を見ても分かる。まず国旗・国歌を変えて、「新しい国」になったのだと世界に示す。今までの古い国を打倒し、別の国になったのだと宣言するのだ。

ところが日本では違う。国歌はなかったから新しく作ったが、国旗は、かつての賊軍が使っていたものを、そのまま使った。これは奇妙だ。「官軍＝新政府の旗がなかったからだろう」と思うかもしれないが、違う。歴史の本や、幕末の戦いの錦絵などを見たらいい。上野の彰義隊は「日の丸」の旗を掲げて戦い、官軍は「錦の御旗」を掲げて戦っている。鳥羽・伏見の戦いの時もそうだ。会津の白虎隊も「日の丸」だ。まさに「日の丸」は賊軍の旗だった。だから、砲弾の煙や砂塵の中では、官軍は賊軍の日の丸を目標にして銃や大砲を撃ち続けたのだ。

隔世の感がする。沖縄の国体で日の丸を引きずり降ろして問題になった事件があった。又、中学・高校の卒業式などで、日の丸を破り棄てたりする事件があった。「国旗に対する侮辱だ」「不敬だ」という声がまき起こった。しかし、考えてみると、幕末の官軍の方が、もっともっと「不敬」だった。なんせ、「日の丸」を目印にして砲弾を浴びせ、血で汚しているのだ。

だったらなぜ、そんな「賊軍の旗」を新国家の旗にしたのか。本来から言えば「錦の御旗」が国旗になるべきだ。しかし、「錦の御旗ではおそれ多い」と多分、外国人から忠告されたんだろう。「そんな例はないよ。天皇の旗は天皇家の旗として大事にし、別のものを国旗にすべきだ」と。西欧列強に肩を並べようと必死になっていた日本だ。その忠告に従ったのだ。

ではなぜ、賊軍の旗「日の丸」を国旗にしたかだ。それは、「ヤマトタケルの精神」だ、と僕は思う。自らが殺したクマソタケルから、タケルの名をもらった。同じように、新政府も自らが滅ぼした徳川幕府から「日の丸」をもらったのだ。たとえ敵とはいえ、相手を認めていたからでもある。

反論はあるだろう。「日の丸はシンプルで、いろいろ考えたが、これ以上のものはなかった」「徳川時代、薩摩藩が初めて日の丸を使い、それを幕府が使った。明治維新は薩摩が中心になって成しとげた。だから日の丸になったのだ」……と。でも、その薩摩藩も、「日の丸」を目がけて鉄砲を撃ち、賊軍たちを血の海に沈めたのだ。やはり、ここは「ヤマトタケルの精神」と考えた方が、一番スッキリする。

「明治元年越後大合戦図」　長岡城攻防で日の丸が、官軍と対峙している。

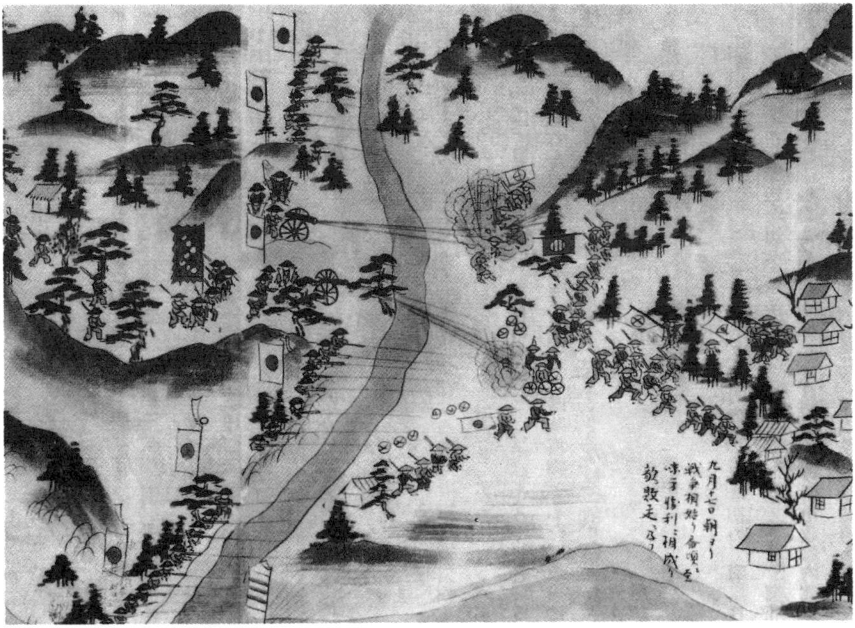

「庄内藩戊辰戦争絵巻」より。　庄内軍（日の丸）が官軍を撃退。

敵をも認め、敵のいいものはどんどんと取り入れる。これは国旗だけではない。人材登用においてもそうだった。幕府軍(賊軍)は、追われ追われて、北海道に逃げ、箱館の五稜郭に立てこもる(勿論、日の丸を立てている)。しかし官軍の猛攻撃の前に陥落する。榎本武揚、大鳥圭介らは降伏する。降伏を潔しとしない新選組の土方歳三は単身、官軍に突撃し、悲劇の死を遂げる。男の死に方としては土方の方に魅力を感じる。だが、今はそのことを問題にしてるのではない。

降伏し、捕らえられた榎本武揚、大鳥圭介だが、処刑されると思いきや、少しの間、牢屋に入れられただけで、釈放された。そして何と新政府の高官に取り立てられた。二人の才能を惜しんだからだ。これからは西欧列強の仲間入りし、肩を並べていかなくてはならない。その時、この二人の才能は必要だ。特に榎本の国際法の知識は生かしたい。新政府はそう思ったのだ。憎むべき敵であり、殺しても飽き足らない敵だ。にもかかわらず、新政府に登用した。これだって、「ヤマトタケルの精神」だ。

だから、こうも言える。こうした大らかな日本を僕らは誇りに思っていい。賊軍の旗「日の丸」を、新国家の国旗にした。賊軍の将をも新政府の高官にした。これはなかなか出来ることではない。

このように、日本は本来は、大らかな民族だと思う。たとえば、大化の改新の頃、朝鮮文化を取り入れた。そして中国文化を取り入れた。人もドッと来た。無制限に入ってきた。「朝鮮・中国は素晴らしい。それに比べたら日本なんて何もない」とコンプレックスを持った。まるごと朝鮮・中国になりかねなかった。でも、日本はそれらを咀嚼して、日本的なものにして受け入れた。明治維新の後だって西欧文化がドッと入った。戦争後はアメリカ文化がドッと入った。そのたびに、「外国は何と素晴らしいのだ。日本なんて、なんて小さな、下らない国なんだ」と思い知らされ、コンプレックスに陥り、自虐的に思ったことだろう。しかし、この時も欧化の波にのまれながら、でも、〈日本〉は残った。類いまれな柔軟性、寛容性、そして咀嚼力で生き残った。

それは自分だけが正しいとする「自尊」「思い上がり」があったからではない。常に、コンプレックスがあったからだ。いわば「自虐史観」だ。それがあったからこそ、外国のいいものは無条件に取り入れ、自分の血となし、肉となしてきたのだ。つまりは、〈ヤマトタケルの精神〉だ。

6．卑劣にも、出雲建《いづもたける》を騙し討ち

クマソタケルを討伐し、小碓命は「ヤマトタケル」となって、さらに大きな武将となった。意気揚々と都に引き上げる。その帰途、「山の神、河の神、穴戸の神」を服従させた。穴戸とは海峡の意味らしい。一説には関門海峡をさすという。ともかく、山や河や海峡にいて朝廷に従わない者たちと戦い、平定したのだろう。

ただ、これらの「神」は、クマソタケルのように具体名が出ていないから、どうも、リアリティがない。大和朝廷の統一物語なのに、そのずっと昔のスサノヲの頃の神話がポッとまぎれ込んだようだ。あるいは、朝廷の平定事業として、書きたくなかったのか。たとえば、『古事記』が作られた頃は、もう皆、仲よくしていたので、過去の事とはいえ、血なまぐさい戦闘があったことを書きたくないし、思い出したくなかったのか。特に、猛々

しいヤマトタケルの性格だ。「皆言《ことむ》向け和《やは》して参上《まいのぼ》りたまひき」とはゆかなかっただろう。だから、その辺をぼかして、具体的な豪族の名を出さずに、「山の神、河の神、また穴戸の神」と抽象的に書いたのではないだろうか。

さて、続いては「ヤマトタケル・西征」の第二のハイライト、出雲建《いづもたける》討伐だ。はっきり言って、これは書くのが気が重い。どう見たって卑劣な騙し討ちだ。こう思うのは僕だけではないようだ。例えば、ヤマトタケルの熱烈なファンはコンピュータ時代の今もいる。ヤマトタケルに関したホームページもたくさんある。遠い遠い昔の人だ。それに(冷たい言い方をすれば)いたかどうか分からない人だ。それでも、これだけファンはいる。『古事記』『日本書紀』の中で、いや日本の神話の中で最大の英雄だ。『古事記』を現代語訳し、あるいは『古事記』物語を書いてる人は多い。何十人、いや何百人もいるだろう。皆、ヤマトタケルを中心に書いている。それだけ、この「悲劇の英雄」が好きなのだ。

でも、そんな作家やファンたちも、この「出雲建」謀殺では、はたと立ち止まり、途方に暮れる。だから、この部分は飛ばして書かない人も多い。スーパー歌舞伎第1作目は『ヤマトタケル』だが、ここでも、イヅモタケルは出てこない。皇国史観といわれた平泉澄の『物語日本史』(講談社学術文庫)は、神話もきちんと扱い、ヤマトタケルも英雄として登場するが、イヅモタケルを騙し討ちにした話は出てない。正々堂々とした大和魂からは反すると思ったのだろうか。黒岩重吾の『白鳥の王子ヤマトタケル』(角川文庫)にも出てこない。自分たちの好きな英雄ヤマトタケルがこんなことをしたなんて信じたくないのだ。

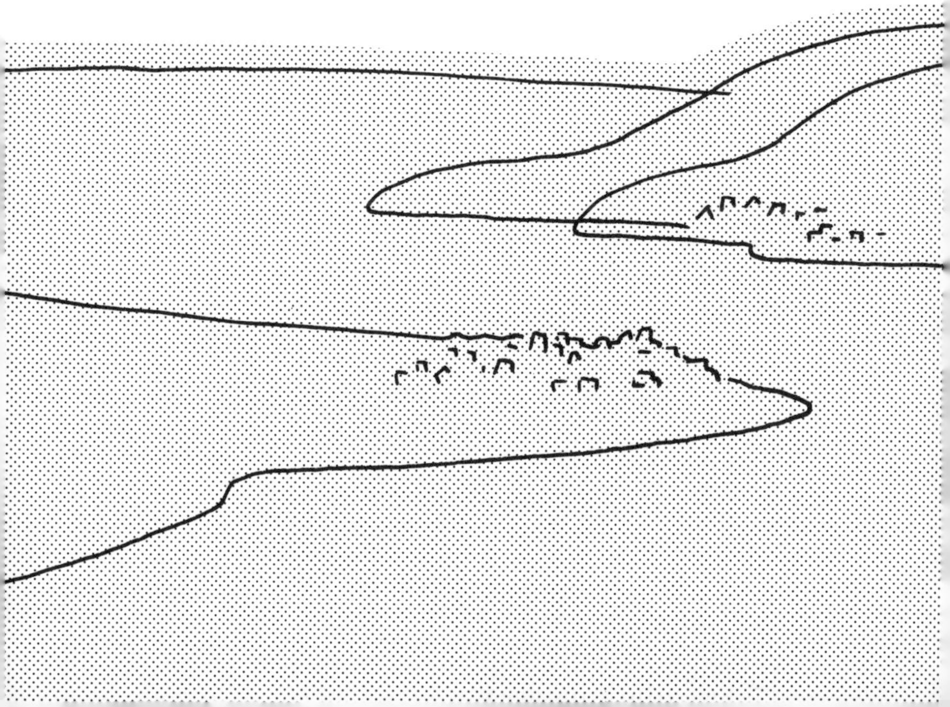

ちょっと弁解しておけば、平泉澄の本にヤマトタケルのイヅモタケル謀殺が登場しないのには訳がある。この本は元は『少年日本史』といい、子供向けに書かれたものだ。「皇国史観」などと批判されるが、きわめて公平で、血の通った歴史書だと思う。子供向けだけでは勿体ないと思い、題を変えて講談社学術文庫は出したわけだ。

子供用だから、「イヅモタケルの騙し討ち」や、東征の時の「ミヤズヒメの生理」の話は省かれているのだと思った。又、東征を命じられた時、「父は私に死ねと言うのか」と言って泣く場面もない。この辺が「皇国史観」といわれる所以かとも思った。だが違うのだ。平泉はヤマトタケルを「日本武尊」と書いている。つまり、『日本書紀』の中のヤマトタケルを書いているのだ。前にも触れたが、『日本書紀』のヤマトタケルは雄々しく、天皇に対しては常に忠義である。不平など一度も言わない。西征から帰り、すぐ東征を命じられても喜び勇んで行く。そして、『日本書紀』では「イヅモタケルの騙し討ち」や「ミヤズヒメの生理」の話など出てこないのだ。

あるいは、こっちの方(『日本書紀』)が史実に近いのかもしれない。神話に対して、「史実」もないだろうが、モデルとなった話としては、『日本書紀』のシンプルなヤマトタケル像の方が、ありうると思う。こういう皇子や武将が実際に多くいたのだろう。それをヤマトタケルという一人の武将の物語にした。だから、こっちの方が正史に近い。さらにそれを脚色し、〈物語〉として面白くしたのが『古事記』だろう。かなり後の発想も入っていたのだろう。又、他のいろんな話も、つめ込んでみたのだろう。何度も言うように「歌舞伎的手法」だ。書いてるうちに興に乗り、「うん、こうした方が面白い」「こんなことだってやったかもしれない」と話がふくらんだのだろう。

スーパー歌舞伎
市川猿之助のヤマトタケル
白鳥になって天に昇る感動的なシーン

前置きが長くなった。「イヅモタケルの騙し討ち」の話だ。クマソを征伐し、さらに山の神、河の神、穴戸の神を平定し、都への帰途についたヤマトタケルは、出雲の国に入った。そして突然、この地方で武勇の誉れ高い出雲建《いづもたける》を征伐しようと決意する。天皇からあらかじめ命令されていたのではない。どうしても朝廷になびかないと聞いて、攻め滅ぼそうとしたのか。あるいは、強い奴がいると思うと、無性に闘ってみたくなるのか。武人、格闘家としての本能なのかもしれない。「タケル」は強者・勇者を意味する記号であり、タイトルだ。ここにも「最強」を自称し、「チャンピオン」を自称する奴がいるのか。よし闘ってみよう。そう思ったのかもしれない。

ただ、ヤマトタケルの考える「強さ」は単に腕力だけではない。頭、智力も「強さ」なのだ。つまり、「総合格闘技」であり、「バーリ・トゥド(何でもあり)」なのだ。その意味では近代的思考を持った武将だ。単なる腕力に頼る、戦闘マシーンではない。軍略の天才・諸葛孔明のような武将なのだ。

真正面からぶつかって犠牲を大きくすることは極力避ける。一瞬にして相手の弱点を見抜き、そこを突く。それには敵が一番リラックスし、安心し切っている時と所を狙うのがベストだ。そう考え、即座に実行する。その点で、ヤマトタケルの話は、「心理小説」でもある。兄を殺した時はトイレだ。クマソタケルを殺したのは酒の席だ。さて、イヅモタケルの場合はどうしたか。

意表を衝いて、まず友好関係を結ぶ。親友になるのだ。「君を滅ぼそうなんて気はない。僕の仕事はクマソタケルを滅ぼして、もう終わったんだ。君のことは前から尊敬していた。武人だからこそ武人の心が分かるんだ」……なんて言いながら友達になっちゃった。この点、政治家だ。ヒトラーはソ連と独ソ中立条約を結んで、まずスターリンを安心させ、そして条約を破って攻めた。また、ソ連だって、日本に同じことをした。

闘うつもりはないんだよ
ハハハ…
そうだね
仲良くしよう

ヤマトタケルはイヅモタケルの元を訪ね、親友の誓いをかわした。そのあと、肥河《ひのかわ》(島根県の斐伊《ひい》川だとされる)に行き、水浴びをしようと言う。「親友になったんだし、裸の付き合いをしよう」と言ったのだろう。「今日は暑い。それに旅の汗を流したい」と言ったのかもしれない。出雲人は人がいいから、疑わない。コロッと騙される。それは大国主命も同じで、自分が治めていた国をとられてしまう。どうも、その話とオーバーラップしてしまう。

川で水浴びするというのは、水の中での誓いの意味もあったのだろう。もし大和と出雲の間に対立やわだかまりがあったとしたら、そんなものは水に流し、沐浴して、誓いを新たにしよう。と、そんなことを言葉巧みに言って誘ったのだろう。

この水浴びの前に、ヤマトタケルは実は周到な準備をしていた。ひそかに赤檮《いちい》の木で偽の大刀を作り、それを身に帯びて行ったのだ。いちいの木とはブナ科の木らしい。その木をけずって刀を作った。つまり木刀だ。それも、色を塗ったり、つたを巻いたりして、一見すると立派な、本物の刀に見えるものだ。ヤマトタケルは手先も器用だったのだ。あるいは、誰か、専門の人間に作らせたのかもしれない。

そんなことは露知らず、イヅモタケルは喜こんで水浴びをする。ヤマトタケルも川に入り、キャッキャッと言って水をかけ合ったりしたのだろう。あるいは、

どっちが速いかと泳ぎ比べをしたのだろう。そして、ヤマトタケルは先に川から上がり、何と、イヅモタケルの刀を手にとり、「いい刀だ。どうだ俺のと交換しないか」と言って、勝手に自分の腰に収めてしまった。この辺で気がつけばいいのに、どこまでも人のいいイヅモタケルだ。大和の皇子さまの剣と交換して頂けるなんて、と感激している。そして、ありがたく剣(実は木刀)を頂いて、自分の身に付ける。ここでもまだ気がつかない。よほどそれらしく作ってあったんだろう。それとも、「大和の剣は変わってるな。太くて立派だな。刀が鞘にピッタリと収まっていて、まるで一本の美しい木のようじゃないか」と感嘆したのだろう。

「じゃ、交換した記念に、刀合わせをしよう」とヤマトタケルは言う。別に切り合いや決闘をしようというのではない。だって二人は親友だ。「刀を抜いて勝負してみよう」と訳してる本が多いが僕はそうは思わない。だって、「ちょっと泳ぎ比べをしよう」とか、「相撲をとろう」と言うのとは違う。刀の勝負なら殺し合いになる。せっかく親友になったんだし、そんなことを言い出すなんて不自然だ。そうではなく、刀をちょっと抜いて両方がパチンと鞘に収め、「これで義兄弟のちぎりだ」とやるつもりだった。あるいは、スラリと刀を抜いて、ガキーンと合わせてみる。「うん、これで俺たちは義兄弟だ」と言って、刀を収める。いわば誓いのための「儀式」だと思う。

まず、イヅモタケルが刀を抜こうとするが抜けない。当然だ。木刀なんだから。でも、どこまでも人がいいから、「しまった。はかられたか！」とは思わない。「あれ、変だな。なかなか抜けないな。やはり大和の皇子さまの剣は違うな」と思ったのだろう。その時、スラリと刀を抜いたヤマトタケルは、いきなり、ものも言わずにイヅモタケルに斬りかかり、一刀のもとに殺してしまう。「卑怯な！」と殺される瞬間にイヅモタケルはやっと分かったのだろう。かわいそうな話だ。クマソタケルのように、私の「タケル」もあなたに差し上げましょう、と言うひまもなかった。そんなひまがあっても、とても言えないか。イヅモタケルは怨みをのんで死んでいったんだ。

卑劣で残忍なヤマトタケルだ。さらに、この悪党は（なんて言っちゃいけないか。天皇の御子に対して）、死んだイヅモタケルに手を合わせることもしない。それどころか、「馬鹿な奴め」とばかり、こんな歌をうたって嘲笑する。

やつめさす　出雲建が佩《は》ける刀《たち》
黒葛《つづら》さは巻き　さ身《み》無《な》しにあはれ

「やつめさす」は出雲にかかる枕詞で、「さ身」の「さ」は接頭語だという。出雲建はバカだ。腰に差した刀はつづらが鞘に巻かれて一見、立派なように見えるが、刀身はないんだよ。おろかだな、おかしいな、という意味だ。

いやな歌だ。「ワーイ、ワーイ、騙されてんの、やったぞ！」と喜んでいるようで、気分が悪い。その後は、

〈かく撥《はら》ひ治めて、参上《まいのぼ》りて覆奏《かへりごとまを》したまひき。〉

とある。このようにして賊を退治し、平定して、都に上り、天皇に復命なさったのでした、となっている。でもお前の方が賊だろう、と言いたくなる。これで「西征」（西国征討）の話は終わりだ。それにしても、クマソから名前をもらって「ヤマトタケル」になった。「日本一の勇者」の称号だ。しかし、その記念すべき「襲名第１戦」が騙し討ちじゃねえ。

でも安心して下さい。この「騙し討ち」は嘘だと言う人がいる。いや、「騙し討ち」したのはヤマトタケルではない。彼は「冤罪だ」と言う人がいる。人じゃないな。『古事記』のライバル『日本書紀』だ。「あれっ変だな。『日本書紀』にはこの話は書いてないと言ったんじゃないか」と思うかもしれない。たしかに書いてない。でも書いてるのだ。

はっきり説明しよう。全く同じ話が、『日本書紀』では「崇神紀」に書かれている。崇神天皇は景行天皇(ヤマトタケルのお父さん)の二代前の天皇だ。そこに全く同じ話が出ている。シチュエーションは同じだが登場人物は違う。ヤマトタケルはまだ生まれてない。

こういう話だ。崇神天皇が、出雲大神宮におさめている神宝を見たいと言った。神宝を管理している出雲振根《ふるね》が、丁度筑紫の国に行っていて留守だったが、弟の飯入根《いひいりね》が兄に無断で朝廷に献上した。兄のフルネは怒り、弟を殺そうと謀り、「止屋《やむや》の淵に水草が生い茂っている。一緒に見に行ってほしい」と誘い出した。この時、兄はひそかに木刀を作って持っていった。形は本当の大刀によく似ている。「淵の水がきれいだ。一緒に水浴びをしよう」と中に入った。弟も兄に従い、それぞれ刀を外し、淵の端に置いた。兄は先に陸に上がって、弟の真剣を自分の腰に差した。そして自分の木刀は弟の着物の所に置き、上がってきた弟にいきなり切りつけた。驚いた弟は刀をとったが木刀で、抜くことは出来ない。それで易々と殺されてしまった。

全く同じ話だ。では、崇神天皇の時にあった話を、その二代後の景行天皇の時の話にしたのだろうか。そうすると、『日本書紀』の話を基にして、『古事記』は作られたことになる。だが、作られた年代は『古事記』の方が早い。それに奇妙なことがある。『日本書紀』では、兄(出雲振根)が弟(飯入根)を騙し討ちにするが、そのことにつき、「時の人は歌に詠んで言った」と一首を紹介している。それが『古事記』と同じ歌なのだ。「八《や》雲《ぐも》立つ　出雲建が佩ける大刀　黒葛《つづら》さは巻き　さ身無しにあはれ」の歌だ。ここには「出雲建」なんか出てこないのに、歌にだけは詠まれている。

この謎を次田真幸は『古事記』(講談社学術文庫)の中でこう解いている。

〈このように、『古事記』と『日本書紀』とでは所伝が異なっている。木刀と真刀とをすり換えて相手をうち殺す話は、もともと出雲地方に伝えられていた説話であって、それが大和朝廷対出雲氏族の物語の中に取り入れられたとき、一方はヤマトタケルの物語となり、一方はフルネとイヒイリネの物語となったのではあるまいか。なお「やつめさす」の歌は、物語歌として作られたもので、『古事記』の歌を『日本書紀』に取り入れたものと思われる。〉

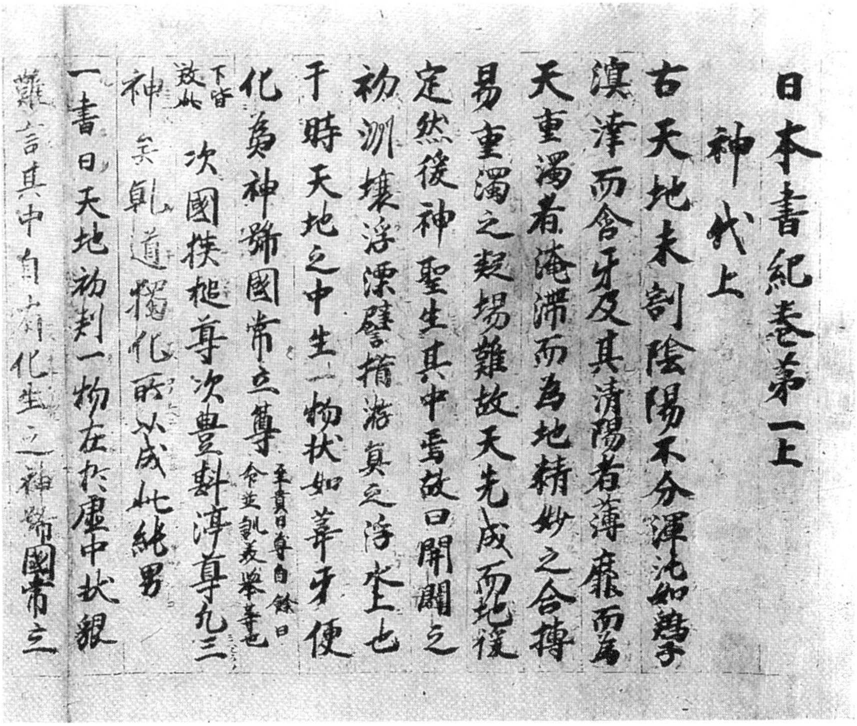
日本書紀巻第一上
神代上
古天地未剖陰陽不分渾沌如鶏子
溟涬而含牙及其清陽者薄靡而爲
天重濁者淹滞而爲地精妙之合摶
易重濁之凝場難故天先成而地後
定然後神聖生其中焉故曰開闢之
初洲壌浮漂譬猶游魚之浮水上也
于時天地之中生一物状如葦牙便
化爲神號國常立尊至貴曰尊自餘曰命並訓美擧等也下皆效此
次國狭槌尊次豊斟渟尊凡三
神矣乾道獨化所以成此純男
一書曰天地初判一物在於虚中状貌
難言其中自有化生之神號國常立

「日本書紀」巻頭　　熱田神宮蔵

「日本武尊御真影」伝猪野常真画　白鳥神社蔵

出雲地方の説話だけでなく、いろんな話があり、それをどこに入れるかは『古事記』『日本書紀』の編者の腕だったのだろう。だから、「ヤマトタケルは英雄だが、こんな卑劣なこともやった。これをどう考えたらいいのか」とクヨクヨ悩むことはないのだ。「これは面白い。じゃ、ヤマトタケルのところへ入れちゃえ」と軽い気持ちで入れたのだ。それによって、ヤマトタケルの〈武〉だけでなく〈知〉もより一層生き生きと伝えられると思ったのだろう。

ヤマトタケルは正々堂々とした武人だと思いたい。でも、それだけでは、すぐに敗れてしまい、賊を平らげ、真の日本統一は出来ない。ともかく勝たなければならない。その為にはあらゆる智略をめぐらして闘ったのだ。そんな苦労話として語られているのだろう。それに、当時としては、こんな闘いも、「正々堂々とした闘い」と思われていたのかもしれない。でも、今の僕らから見たら、やはり、「卑劣だ」「騙し討ちだ」と思ってしまう。戦前・戦中は、こうした神話も全て実際の「歴史」だと教えていた。ヤマトタケルも「実在の人」だった。その時、先生たちはこの部分をどう教えていたのだろうか。まさか、ここだけを抜かして教えていたわけでもあるまい。

そんな疑問を持ってた時に、一冊の本に出会った。「なるほど、こういう形で教え、納得してたのか」と思った。戦前の昭和維新運動を闘い、今、右翼・民族派の最長老の中村武彦先生の書いた『古事記夜話』(たちばな出版)だ。先生は2・26事件の直前の「神兵隊事件」に参加し、その後も動乱の維新運動の中枢にいて闘ってきた。大正元年(1912年)生まれだから今年(2004年)92歳だ。今も矍鑠《かくしゃく》として元気だ。実はこの先生には僕は学生時代からお世話になり指導を受けている(だから「先生」と付けてしまう)。一水会をつくった時も、一番初めに講演してもらった。というよりも、中村先生の話を聞くために昔の学生運動仲間が集まり、再び運動をやることになった、といった方が正しい。伝統右翼や新右翼を問わず、右翼・民族派の全ての人から尊敬され、慕われている先生だ。「右翼の良心」とも言われている。

この先生が、ヤマトタケルの歌について書いている。イヅモタケルを討って、「やーい、ざまぁ見ろ」と言わんばかりの歌をうたっているが、「いや違う」と言う。「どうも敗れた者に対する単なるあざけりや、哀れみだけとは思えない」と言う。「一掬《ひとすくい》の涙がただよい、討ちつ討たれつしなければならぬ運命の哀感がただよい、おのれ自身に対する自戒の思いを聴きとれる」……と。

「自戒の思い」とは何か。それについてこう言う。

〈「威風堂々、天下の豪傑と見えた出雲建は、その美しく飾った刀が中身のないにせ物とすり替えられて、いざというとき、哀れ呆気なく私の手で討ちとられてしまった。欺いてごめんよ。しかしお前に似合わぬ油断だったなあ。いや他人事ではない。私も用心しないと『さ身無しにあはれ』と言われる不覚をとるぞ」、というふうに解してはどうだろう。武人には、智勇兼備とともに、不断の緊張と充実が要求されるのである。〉

中村先生の優しい気持ちが表われている。それと共に、先生自らの「緊張と充実」を感じる。命がけの昭和維新運動の中を生き抜き、闘い抜いてきた体験から言えることだろう。先生は「神兵隊事件」に参加した、と書いたが、この事件は不発の革命だった。決起直前に全員が逮捕されてしまった。又、この後、長い獄中生活を送り、法廷闘争があり、仲間との対立もあった。そして心ならずも同志を殺すという事件も起こしている。そうした闘いを通し、「自戒の思い」を持ったのかもしれない。

神話を読むというのは、自分の心を読むことかもしれない。「うん、こんなこともあるよな」「これはおかしいな」と思いながら、自分の心を読んでいる。昔々のその昔の、僕らの先祖たちの話だ。神さまや、天皇の話ではない。僕らの先祖の話だ。だから僕らのDNAの中にも、その人々が生きている。ヤマトタケルも生きている。だから理解できるし、時には、これはおかしい、卑劣だ、と怒ってみるのだろう。

7.「父(天皇)は、死ねと言うのか！」

クマソタケルを平定し、イヅモタケルを討ち取り、やっとの思いで西征を終えて、ヤマトタケルは都に帰る。凱旋だ。喜び勇んで父・天皇に報告する。天皇も喜んでくれるはずだ。「よくやった。さすがは我が息子」と言ってくれるはずだ。ところがその期待は裏切られた。お誉めの言葉も、いたわりの言葉もない。それどころか、すぐに東の国のエゾ征伐を命じる。

〈「東《ひむがし》の方十二道《かたとをあまりふたみち》の荒ぶる神、またまつろはぬ人等を言向《ことむ》け和平《やは》せ」とのりたまひて、吉備臣等《きびのおみら》の祖《おや》、名は御鉏友耳建日子《みすきともみみたけひこ》を副《そ》へて遣はしし時、ひひらぎの八尋矛《やひろほこ》を給ひき。〉

西国を征伐したと思ったら、すぐに東国征伐だ。ここで「東の方」というのは今の東北地方ではない。もっと範囲が広い。都から見た東の方が全てだ。次田真幸は、「東の方十二道」は東国十二国の意で、次の国々であろうという(「注」はこれからも、基本的には次田真幸の『古事記』(講談社学術文庫)を参考にしている)。

伊勢・尾張・三河・遠江《とおとうみ》・駿河・甲斐・伊豆・相模・武蔵・総《ふさ》・常陸《ひたち》・陸奥

今の東海、関東、東北地方全てが「東の方」であり、東国なのだ。

東国に出発する前に、ヤマトタケルは又もや伊勢神宮の叔母さん、ヤマトヒメを訪ねる。そして父に愛されない身の不運を嘆き、泣く。猛々しい勇者には似つかわしくない。しかしあのスサノヲだってよく泣いている。泣くというのは一番正直な心の表現なのだろう。そして、ここにこそヤマトタケルの人間らしさが出ている。原文ではこうなっている。

〈かれ、命《みこと》を受けて罷《まか》り行《い》でます時、伊勢の大御神宮《おほみかみのみや》に参入《まゐい》りて、神の朝庭《みかど》を拝《をろが》みて、すなはちその姨倭比売命《をばやまとひめのみこと》に白《まを》したまはく、「天皇既に吾を死ねと思ほすゆゑか、何《なに》とかも西の方の悪しき人等を撃ちに遣はして、返り参《まゐ》上り来《こ》し間、未だ幾時もあらねば、軍衆《いくさびとら》を賜はずて、今更に東の方十二道の悪しき人等を平《ことむ》けに遣はすらむ。これによりて思《お》惟《も》へば、なほ吾既に死ねと思ほしめすなり」とまをしたまひて、患《うれ》へ泣きて罷《まか》ります時に、倭比売命草那芸剣《くさなぎのつるぎ》を賜ひ、また御嚢《みふくろ》を賜ひて、「若《も》し急《には》かなる事あらば、この嚢の口を解きたまへ」とのりたまひき。〉

単なる父への愚痴ではないし、甘えでもない。血を吐くような叫びだ。「父は我に死ねと言うのか！」と二度までも言っている。自分のことを嫌いだから追い払うように西の国征伐に行かせた。クマソに討たれてしまえと思ったんだ。それが殺されずに都に帰ったもんだから、次には東の国に行けと言う。お前なんか死んでしまえ、と言ってるんだ。そう言ってヤマトヒメの前で号泣する。

ヤマトタケルの東征推定順路
A 伊勢神宮
B 草薙神社
C 走水神社（オトタチバナヒメ入水）
D 酒折宮（焚火番人を東の国造りに任ずる）
E 熱田神宮
F（白猪に化けた神の霰攻撃）
G 倭建命陵
筑波山
相模
富津
横須賀
甲府
足柄
清水
焼津
駿河
豊田
名古屋
伊吹山
亀山
伊勢
明日香

ヤマトヒメは慰めの言葉もない。ただ、剣と袋とを授けた。「火急の時はこの袋を開けなさい」と言う。後で分かるが、野原で火をつけられ、本当に「火急の時」にこの袋を開けてみると「火打ち石」だった。剣で草をなぎ払い、この石で火をつけて、火の方向を変えた。それでこの剣を「草那芸剣」と言うようになった。とあるが、その前に、「草那芸剣だ」と言って渡されている。落語のオチを先に言われたようで、ちょっと興醒めだ。

この剣は元々は、スサノヲが八《や》俣《またの》大蛇《をろち》を退治した時、この大蛇の腹の中から取り出したものだ。たしかその時にも既に、「草那芸剣」だと、ネタばらしをしている。もしかしたら、この時点で、未来を見通していたのかもしれない。将来この剣は、草をなぎ払って皇子の命を救うことになる。だから今から草那芸剣と名付けておこう、と(それはないか)。

さらに不思議なことがある。草那芸剣は「三種の神器」の一つになっている。しかし、草那芸剣は、今、熱田神宮の御神体になっている。でも、ここでは伊勢神宮のヤマトヒメが授けたことになっている。どっちが正しいのか。多分、伊勢神宮と熱田神宮の各々の「縁起」があって、それが『古事記』の中に混在しているのだろう。

考えてみると日本の神話は奇妙だ。天皇国日本の権威づけのために作られたという。だったら、すべての天皇をもっと立派に、完全無欠に書いたらいいだろう。だが、違う。神々だって、喧嘩するし、嫉妬するし、悪さもする。その子孫の天皇はなおのことだ。兄弟同士で殺し合ったり、天皇の地位を奪い合ったり、兄と妹が交わったり、果ては、殺される天皇もいる。これでもって天皇の素晴らしさを教えようとしても無理ではないのか。そう思い、戸惑った教師たちも多かっただろう。

でも逆に考えたら、これほど素晴らしい神話もない。なーに、天皇さまだって間違うし、失敗するのさ。だから我々だって、と思い気が楽になったのかもしれない。又、そんな無邪気な神々や天皇の物語を無条件に楽しみ、自分たちの反省の材料にしたのかもしれない。つまり、神々や天皇を見る「人々の眼」が温かいのだ。寛容なのだ。「誰だって間違うことがあるさ。天皇さまだって……」という寛容の精神が日本人の心であり、ヤマト心なのだろう。それなのに、近代、西欧列強と対抗するために「天皇神聖」「天皇無謬」の〈新しい神話〉を作り上げ、それで窮屈になり、非寛容的になったのではないか。

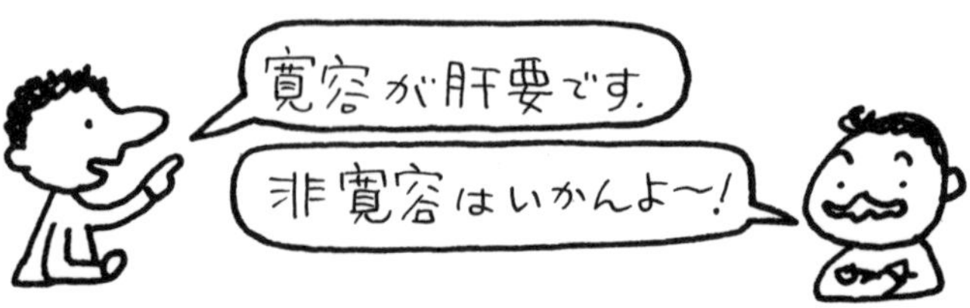

ぼくの剣だ
くさなぎの剣
SMAP
くさなぎくん

そんな事を考えてる時に、鶴見俊輔の『アメノウズメ伝』(平凡社)を読んでいて、ハッと思い当たった。アマテラスが天の岩戸に隠れ、世の中が真っ暗になった時、アメノウズメはストリップさながらに歌い踊り、アマテラスを外に引き出す。そして世の中は〈光〉を取り戻す。いわば「救国の英雄」だ。だが英雄的行為は笑いとエロだ。衣服をひろげて乳と性器を見せて笑いを誘い、相手の緊張を解く。記紀には、彼女はもう一度登場する。異民族と出会って同輩がためらっている時に出ていって緊張を解き、付き合いの糸口をつくるのだ。

そのアメノウズメを評価してこの一冊が書かれた。本の帯にはこう書かれている。

〈彼女は権威をおそれない。一瞬にして風をまきおこし、笑いや活気をさそいだす。いきいきとした開かれた心で、世界や国家を再定義する。〉

〈アメノウズメには、日本と外国、天と地のはざまに立って、権力のめざす思想の固定をゆすぶる、ひとつの姿がある。〉

鶴見は彼女の中に自由な、とらわれない精神を見る。そして権力者の頭の固さや、あやまちを解きほぐす笑いの力を見る。人間は誰でもあやまちを犯す。権力者も犯す。そして、権力者のあやまちは一般の人のあやまちよりも重大な結果をもたらす。

「そういう経験則が、社会のなかにひろくあったほうがいいが、残念ながら国家の成立は、その経験則をぼかす方向にはたらく」と言う。そして、こう言う。

〈はっきりと支配者のまちがいを記しておく神話を背景にもち、その神話によってみずからの正統性を保証しながら、どうして明治国家は、まちがいをおかさない帝王という考え方をつくりだして、国民に教えこんだのか。笑いと政治という、日本の神話にある主題は、明治以後の統治にかげをひそめる。〉

いしいひさいちさんの
まんがも良いですね
鶴見俊輔

まちがいを
おかさない！
というのが
まちがいか？
ほんとはもっと
自然体でいきたい
！
etc.
全体への影響は少ないが
本人たちがつらそうだ

これは正論だなと思った。「大らかな日本神話の精神に戻れ」と言っているのだ。よく、天皇制否定論者は言う。「日本の天皇制は神話を基にして作られた抑圧体制だ」と。それも、神話を知りもしないで、だ。だが、これは違う。神話の方にこそ、多くの教訓があり、知恵がある。人間は誰だって間違う。神や天皇だって間違う。そして、時には喧嘩し、殺し合いもする。騙し討ちもする。天皇を怨み、泣き叫ぶこともある。そんな正直な、生々しいドラマがここにはある。

それが、近代天皇制になってからは、かつての神話を忘れ、政治的合理主義で固め、「無謬の帝王」という政治的擬制を作り上げた。ここに無理があった。

天皇と人々の関係だって昔はもっと自由であった。天皇も伸び伸びとしていた。畑で働いている女の子に声をかけて、ナンパしていた。あっ、いけない。天皇さまにナンパなんて言葉を使っちゃ。不敬だ。でも、そう思う気持ちだって「近代的」なものだろう。

ちょっと横道に外れるようだが、三島由紀夫が小説『英霊の声』を発表した時、「これは不敬だ」と怒った右翼の人がかなりいた。「英霊の声」ではなくて、「怨霊の声」じゃないか、と言うのだ。2·26事件の時に天皇は決起将校を見捨て、殺した。天皇のことを思い、天皇のために決起した将校を殺したのだ。この時、天皇は神から人間になった、と小説では言う。又、敗戦の時もそうだった。「などて天皇《すめらぎ》は人となりたまいし」と三島は絶叫する。

ある意味では天皇批判の書だ。天皇に怨みをぶつけている。しかし、1970年に三島が自決してからは、こんな批判をする右翼はいない。三島は「救国の英雄」になり、全てが肯定された。政治家やマスコミだって、事件当時は「狂気の沙汰だ」「気が狂った」「民主主義を否定するものだ」と罵倒していたが、今は、皆、肯定し絶賛している。三島だって、居心地が悪いだろう。なんせ、人間から神になったんだ。そして三島の怒り、怨みは忘れ去られてゆく。

三島はどれだけ天皇のことを考えていたか、よく分からない。天皇制は日本にとっては大事だし、必要だとは思っていた。しかし、近代天皇制は、本来の天皇制とは違う、と思っていたようだ。

天皇陛下ぁ〜〜〜!
2・26
三島由紀夫
1925〜70

敗戦の翌年、1946年元旦に、天皇のいわゆる「人間宣言」が出される。天皇自らが神格化を否定してこう言っている。「朕《ちん》ト爾《なんじ》等国民トノ間ノ紐帯ハ、終始相互ノ信頼ト敬愛トニ依リテ結バレ、単ナル神話ト伝説トニ依リテ生ゼルモノニ非ズ」

これはＧＨＱが原案を作り、ほぼ正確に翻訳されたものだという。占領軍は『古事記』も『日本書紀』も読んでないで、こんな原文を書いたのだろう。本当は神話の方が、天皇はずっと自由だったし、人民との信頼、敬愛もあったのだ。三島由紀夫だって、そう思っていたはずだ。

だから、〈神話〉的な世界の天皇を夢み、その復活を夢みていたのではないだろうか。「英霊の声」だって、天皇に向かって大声で絶叫しているようだ。そう、ヤマトタケルの絶叫のように聞こえる。

三島は2·26事件を調べ、それを主題とした小説を書くうちに、2·26の虜となり、自らも2·26をやろうとした。それが70年の決起・自決だ。では、なぜ、三島は2·26事件に魅せられたのか。2·26事件の中心人物で磯部浅一という男がいる。この男の霊が三島に憑いていると言われた。俳優の美輪明宏が言った。それを指摘されて三島はうろたえ、動揺したという。この話も今や〈神話〉化されている。あるいは三島が意図的に作ったものかもしれない。美輪の指摘に面白がって、乗ってやったのでは、と思う。

ただ、磯部浅一は決起に失敗し、天皇からも見捨てられ、激しくも絶望的な「天皇呪詛」の手記を残している。それが三島を衝き動かし、三島に『英霊の声』を書かせた。さらに、自決へと追い立てた。

天皇は2·26決起に対し、一人決然として討伐を命じた。青年将校は失敗を自覚し、一度は全員自決しようとする。「せめて勅使をあおぎたい」と栗原中尉は言う。しかし、本庄を通して伝えられた天皇の言葉は冷たかった。「勅使などはもっての外だ。死にたければ勝手に死ね」。そして、「日本もロシアのようになりましたね」と言ったという。青年将校にとってはたまらない。命を賭して決起した真情が天皇に伝わらない。それどころか、「ロシアのようだ」と言われたのだ。でも普通なら、「我が事ならず」と自決する。

しかし磯部は違う。「何を言ってるんだ！」と天皇に反駁し、天皇を叱る。こんな例はちょっとない。天皇の言葉を人づてに獄中で聞いて、「私は数日間気が狂ひました」と言う。さらにこう絶叫する。

〈今の私は怒髪天をつくの怒りにもえています。私は今は、陛下を御叱り申上げるところに迄、精神が高まりました。だから毎日朝から晩迄、陛下を御叱り申して居ります。天皇陛下、何と云ふ御失政でありますか、何と云ふザマです。皇祖皇宗に御あやまりなされませ。〉（『獄中日記』）

何言ってんのう!
きってんのうちだ!

いくら天皇に裏切られたからといってもこれはないだろうと思った。何とも凄い怨みつらみだ。それで、2·26事件に参加した人の何人かに話を聞いた。もう30年近く前だ。他にも血盟団事件、5·15事件の関係者に話を聞き、『証言・昭和維新運動』(島津書房)という本を出した。その中で、一番衝撃的だったのは末松太平氏の言葉だった。末松氏は2·26事件に連座して逮捕され、後、『私の昭和史』(みすず書房)という名著を残している。

「磯部の叫びは凄惨ですね」と僕は聞いた。はたして磯部の「天皇呪詛」の声を末松は認めるのかどうか、それを知りたかった。「いくら何でもあれは言い過ぎだ。我々は"天皇絶対"なんだから、どんなことがあっても天皇のお言葉に従うんだ」とでも言うと思った。いや、それしかないだろう。だが、末松はサラリと言ってのけた。「凄惨」でも「天皇への怨み」でもないと、こう言う。

〈あれは赤ん坊が泣いて、「お母ちゃんのバカ、バカ」って言って胸をたたいているようなものですよ。〉

これには驚いた。こんな見方があったのか。その時は、「そんな馬鹿な」と思っていたが、30年もたってみると、理解できる。もっと大きな視野で末松は言ったのかもしれない。もしかしたら、ヤマトタケルの叫びだって同じかもしれない。「父は私なんか死んでしまえと思っているのか!」と血をはく思いで叫ぶ。天皇への怨みつらみだ。これだって、「お母ちゃんのバカ、バカ!」かもしれない。

この推測には根拠がある。だって、これだけの緊迫した、ドラマチックな場面なのに、『日本書紀』には全く書かれてないのだ。西征から帰り、東征を命ぜられると、喜び勇んで出発する。それだけ自分の力を認めてくれたのかと思い、全く疑ってない。素直で、真正直な武人だ。あるいは史実としてはこっちが正しいかもしれない。こんな勇気のある武将が何人も何人もいたのだろう。それをヤマトタケルという一人の名前に凝縮させた。そして外国の人にも知ってもらおうとした。

ところが『古事記』は、いわばプライベートな記録だ。そして宮廷で編纂され、読みつがれた。だから、もっと「人間的」な見方が入るし、解釈も入る。「そうはいっても、西征から帰ってきてすぐに東征じゃ、かわいそうだよ。きっと内心は不満だったはずだ」「天皇に文句の一つも言いたいところよね」とペチャクチャ喋り合って、その解釈や希望、期待が物語の中に入ったのではないだろうか。又、それによって『古事記』の方が、人間的にも幅のあるドラマになっているし、今も我々の胸をうつのだ。

バカバカ

ここで『日本書紀』の方を少し紹介しよう。宇治谷孟の『全現代語訳　日本書紀』(講談社学術文庫)から紹介する。ヤマトタケル(日本武尊)が西征から帰ると、天皇はヤマトタケルの手柄を誉めて特に愛されたという。これではヤマトタケルが拗《す》ねて怨む理由はない。

さらに東国の蝦夷《えみし》がそむいたと聞いて、天皇は群臣を集めて、「さて誰を東国平定に行かせたらいいか」とはかる。ヤマトタケルは、「ぜひその役目を私に」と言いたいのをこらえて、兄を立てて大碓皇子を推薦する。『古事記』ではヤマトタケルに殺されたはずなのに、『日本書紀』では生きている。ヤマトタケルは「兄殺し」をしてないし、いつも兄を立てている。こんな時でも、自分の武勲を誇らず、必ず兄をたてる。どこまでも立派で、理想的な皇子だ。

「私は先に西の征討に働かせてもらいました。今度の大役は兄の大碓皇子がいいでしょう」と。

どこまでも謙虚な皇子だ。だが推薦された兄の大碓皇子は喜ぶどころか、コソコソと逃げ出して草の中にかくれてしまった。天皇は、「お前が望まないのに無理に遣わすことはない。それにしても、まだ敵に遭わないうちに逃げ出すとは」と嘆く。仕方ない。お前は戦には向いていないのだろうと、諦める。そして、大碓皇子を美濃に行かせ、そこを任せた。

そうするとやはりヤマトタケルしかいない。「では私に行かせて下さい。急いで東の夷の乱を平らげましょう」と元気に宣言する。天皇はヤマトタケルを征夷の将軍に任じ、「かの東夷は性狂暴で、村に長なく、境界を犯し争い、山には邪神、野には姦鬼がいて、人々が苦しめら

れている。だから心して行け」と温かい言葉をかける。「この東夷が恐ろしい奴らだ」とこう言う。東北出身の僕としては、余り気持ちよくないが、書いておこう。

〈その東夷の中でも、蝦夷は特に手強い。男女親子の中の区別もなく、冬は穴に寝、夏は木に棲む。毛皮を着て、血を飲み、兄弟でも疑い合う。山に登るには飛ぶ鳥のようで、草原を走ることは獣のようであるという。恩は忘れるが怨みは必ず報いるという。〉

メチャクチャな表現だ。親子でも近親相姦し、乱婚で、穴や木の上に棲むという。まるで猿だ。ケダモノだ。東の国の奴らなんて野蛮人だという偏見が見え見えだ。「お前らこそ兄弟が疑い、兄弟殺しまでやってるじゃないか。男女親子の区別なく……だってお前らの方だろう」と、僕が蝦夷なら言ってやるよ。

実際は大和よりも豊かで平和だったのかもしれない。又、文化も持っていたのかもしれない。しかし、大和朝廷に滅ぼされてしまったから、記録が残ってない。「滅ぼされた賊」として記憶されているだけだ。同じように滅ぼされた出雲は、いろんな神話や伝説、言い伝えが残っている。大和朝廷が鎮魂のために建てた出雲大社もある。「賊軍の大将」大国主命も〈英雄〉として『古事記』『日本書紀』には記されている。

それに比べたら、東国はあわれだ。名前も残ってない。記録もない。鎮魂の神社もない。賊軍として滅ぼされただけだ。

アパッチ
アイヌ
永遠に
失われた
民族
どんな人々か 今では
知るよしもない

「そうなんだ。俺達は大和朝廷に攻め滅ぼされた蝦夷の子孫なのだ。だから天皇制打倒のために共に立ち上がろう！」と遠藤誠弁護士によく言われていた。気持ちは分かるけど、ウーンと考え躊躇していた。遠藤先生は宮城県の大河原出身で、僕は仙台だ。同じ宮城県人だし、蝦夷の子孫だ。

さらに蝦夷には縁がある。僕は仙台出身と言ったが、父が税務署に勤めていたので、福島、秋田、青森、宮城と、東北地方を転々とした。2、3年ずつ変わった。一番長くいたのは秋田県の湯沢市で、小学4年から中学2年までいた。

その湯沢市のすぐそば（二つ隣の駅）に「後三年」があった。平安時代の末期に「前九年の役」「後三年の役」があったが、その後三年の役の主戦場だ。東国の豪族が反乱を起こし、都から派遣された源氏が平定したと学校では教えられた。「俺たちは東国の乱臣賊子《らんしんぞくし》の子孫なのか」と何やらひけ目を感じていた。又、この乱の前には坂上田村麻呂が平安初期に、征夷大将軍として東国に来て、蝦夷地を平定したと教えられた。

僕らは平定された賊軍、反乱軍の子孫だった。「でも、こういう理由があったのだ。東国の方が正しかったんだ」と教えてもよさそうなものだが、そんな郷土愛に燃えた先生はいなかった。「中央に逆らった東の国々が悪い」といった自虐史観ばかりを教えられた。もし小学生の時に遠藤先生のような人がいたら、僕なんて簡単に左翼過激派になっていただろう。

でも、遠藤先生は思想的には反天皇制だが、人間的には優しくて、心の広い人だった。右でも左でもあらゆる人々を受け入れ、権力に弾圧されてる人は助け、無報酬でも裁判を引き受けてやってくれた。（突飛なたとえかもしれないが）まるで仁徳天皇のような人だと思った。反天皇主義者にそんなことを言っては失礼だと思い、生前、言うことはなかったが。

「仁徳天皇」松岡寿画

だって、「天皇制擁護！」と言いながら、その運動をするためには企業や一般の人々を恐喝し、活動資金を作っている右翼の人もいる。そんな人よりは、「反天皇」といいながら遠藤先生の方がずっと天皇の御心に近いと僕は思った。違うだろうか。

仁徳天皇は情け深い天皇として知られている。山の上から見たら、民のかまどの煙が細々としか昇っていなかった。皆貧しいからだと知って数年間、税をとらなかった。数年して、どの家からも白い煙が盛んに立ち昇った。民が豊かになったのは、わしが豊かになったのと同じだと天皇は大いに喜んだ、という。

「そんなのは作り話だろう。天皇制支配を正当化し、強固にするために国民に教え込んだんだ」と反論する人も今ならいるだろう。作り話かもしれないが、似たようなエピソードがあったのだろう。又、それを人々は「うん、きっとあった だろう」と信じてきたのだ。

実は、プロレタリア作家で、『蟹工船』『党生活者』などを書き、警察に逮捕されて殺された小林多喜二が、この仁徳天皇の話を母によくしていたという。三浦綾子の『母』(角川文庫)に出ている。小林多喜二の母に三浦が聞いて書いたものだ。多喜二は(左翼的に言えば)、「天皇制国家」に殺された。しかし、多喜二自身は、情け深い仁徳天皇の話が好きで、よく母に語って聞かせていたという。

この仁徳天皇と同じように、「貧しい人のいない社会」をつくろうと多喜二は思ったのだろう。天皇のことをたとえに使ったら「同志」たちにだって誤解されたろうに、それを恐れずに、仁徳天皇の話をしていたのだ。母はそれを思い出して、こんなことを言う。

〈この天皇さんと、多喜二の気持ちと、わだしにはおんなじ気持ちに思えるどもね。天皇さんと同じことを、多喜二も考えたっちゅうことにならんべか。ねえ、そういう理屈にならんべか。天皇さんを喜ばすことをして、なんで多喜二は殺されてしまったんか、そこんところがわだしには、どうしてもよくわかんない。学問のある人にはわかることだべか。〉

これを読んで不覚にも涙がこぼれた。「天皇さんを喜ばすことをして、なんで多喜二は殺されてしまったのか」と言う。本当だよ、と思った。警察は多喜二を捕まえて「不敬・不忠な奴だ」と罵り、拷問し、殺した。しかし、最も不敬で、最も不忠なのはお前たちではないのかと絶叫したい。

近代の天皇制ではなく、神話の時代の天皇の心を信じ、その心を生きていたのだろう。遠藤先生も、小林多喜二も。人々は勘違いをしてるんだ。『古事記』『日本書紀』に戻るべきだ。その大らかな天皇や皇子たちの生き方を学ぶべきだ。

「母」　ケーテ・コルビッツ画

僕も『日本書紀』に戻る。東国行きに勇み立つヤマトタケルを天皇が温かく励ます場面だ。いかに蝦夷が野蛮かを教え、気をつけて行けと声をかける。そして息子にこんなことまで言う。

〈いまお前を見ていると、身丈は高く、顔は整い、大力である。猛きことは雷電のようで、向かうところ敵なく、攻めれば必ず勝つ。お前に勝てる奴はいない。形はわが子だが、本当は神人《かみ》だ。〉

ここまで言うかと思うほどの誉め言葉だ。『古事記』とは全然違う。さらに、「東の国で乱が起こるのも自分が至らないからだ」と謙虚に自己批判している。ヤマトタケルも立派だが、景行天皇も立派だ。これ以上ないような理想的で、信頼しあった父子だ。

さらに、「天下も位もお前のもの同然である。徳をもって蝦夷どもを平定してきてくれ」と言う。天皇の「代行」というよりは、天皇そのものだ。ヤマトタケルは天皇だったのでは、という学説を前に紹介したが、ここまで父・天皇から言われたら、それも説得力がある。

そして、伊勢神宮に寄ってから東国に出発する。ここからは『古事記』と同じだ。ただ、倭媛命《やまとひめのみこと》は草薙剣を授ける時に、一言、「よく気をつけ、決して油断しないように」と言う。いわばこれは物語の布石だ。あとで女の色香に迷い、この剣を忘れて戦《いくさ》に出て失敗し、それが元で死ぬからだ。

父よ 十字架なんか
かんべんしてください。
人類の厂史を
おかしくしてしまいます……

イエス・キリスト

念のために言えば、平泉澄の『物語日本史』はこの雄々しい日本武尊《やまとたける》の線で書いている。泣いて叔母さんに怨み言を言ったりはしない。

『古事記』のヤマトタケルじゃ、かばい切れない。英雄物語として書けない。正史の『日本書紀』でいく。『古事記』は勝手に書いたらいいだろう。そんな突き放した態度が見えた気がした。

中村武彦先生はどう言っているのか。『古事記夜話』では……。父の愛情と信頼の大きさを感じながら、その期待の重さに苦しむヤマトタケルがいる、と説く。でも期待に応えたい。やってやろうと思うが、まだ表情に表われているのは、怨めしい思いであり、安息を願う心であり、子供っぽい反抗である、という。ヤマトタケルをただ絶賛するだけでなく、その弱さも認めている。そして言う。

〈書紀では、このときの天皇の御言葉も日本武尊の奉答も、ともに堂々として勇気凜々、まさに懦夫を起こたしむる名文であるが、古事記が伝える「天皇は私に早く死ねと思っておられるのか」と嘆く日本武尊の泣き言に、誰しも持っている人間的弱さ哀しさというものが率直に吐き出されており、勇気凜々の豪語よりも深いところから出てくる真の勇者の心を見る思いがする。〉

中村先生は、泣き言をいうヤマトタケルに、むしろ好感を持ち、これこそ勇者と言う。同じように〈右翼〉と呼ばれながら、「行動派」の中村先生と、「学者」の平泉澄の違いを見たような気がする。

行きたくない
ぼうけんの旅なんか
イヤなのに
ヤマト
タケル
フロド・バギンズ
「指輪物語」

8．草那芸剣で命びろい

いつまでも「父と子」の葛藤の話をしていては先に進まない。この辺で切り上げて、東国征伐篇だ。まず、尾張の国で国造の祖先の家に泊まる。そこで見た美《み》夜受比売《やずひめ》を見初め、結婚したいと思う。しかしこれからどんな危険な旅が待ってるか分からない。東征を成功させ、その帰りに結婚しようと思い、姫とは約束だけを交わして出発した。そして「山河の荒ぶる神」、また「伏《まつろ》はぬ人々」を言向け和平《やは》して進軍した。朝廷に反抗する人々を討ち破った。いや、「言向《ことむ》け和平《やは》した」と言うから、戦闘を交えるまでもなく、向こうから降伏したのだろう。教えさとしたら、分かってくれて武器を捨てたに違いない。でも、「教えさとす」というと、兄の大碓命を教えさとしたシーンが思い出される。だからこの言葉はまずいか。原文通り、「言向け和平した」としておこう。その裏にはやはり、いろんなドラマがあったのだろうが……。

ところで、結婚を誓った美夜受比売《みやずひめ》だが、『熱田大神宮縁起』に、尾張国造乎《お》止《と》与命《よのみこと》の子の建稲種公《たけいなたねのきみ》の妹と伝えてい

る。熱田神宮に奉仕した巫女である、という(次田真幸『古事記』)。でも、神に仕える巫女と結婚していいのだろうか。見初めた女とすぐにでも「婚《まぐは》ひ」しようと思ったが、巫女だったので躊躇し、「東征が終わってから」と約束したのかもしれない。その間に、準備しておけというのだ。神に許しを乞うとか、巫女をやめるとかして。

しかし、心から頼るのは伊勢神宮の叔母のヤマトヒメ。結婚する女は熱田神宮のミヤズヒメ。そして、後にこの女との愛におぼれて剣を忘れて出かけ、戦に負ける。叔母にしたら、「私が授けた剣をなぜ忘れたのか」「"慎みてな怠りそ"とあれだけ言ったのに」という気持ちだろう。こうなるとヤマトタケルをはさんで、女二人の闘いだ。いや、熱田神宮と伊勢神宮の闘いだ。いろんな伝承や縁起を持ってきて、一つの壮大な物語を作るからこうなる。それも、単なる作り物ではなく、その中に熱田神宮や伊勢神宮のプライドが見えているし、各々が自己主張している。そこが面白い。

さて、ヤマトタケルは東征を続け、相《さが》武《む》国（相模国）に入った。そこで大事件が起こった。危機が降りかかるのだ。そこの国造《くにのみやつこ》が騙して言った。「この野の中に大きな沼があり、そこに住む神はひどく狂暴な神です」とヤマトタケルに泣きつく。「そんな奴、俺が退治してやる」とヤマトタケルはどんどん進んで行った。野に入ったのを見はからって、国造は野に火をつけた。

「しまった。騙された！」と気がついた。卑怯な国造め、と思ったが、でも、考えてみたら、ヤマトタケルだって、クマソタケル、イヅモタケルと皆、騙し討ちで殺している。この国造に「卑怯だ」という資格はない。それに、「騙し討ち」の名人が騙し討ちに遭うなんてドジだ。「あれほど油断するなと言ったのに」というヤマトヒメの声が聞こえるようだ。そうだ、その声が聞こえたのだ、ヤマトタケルには。そして、「危機の時には開けなさい」と言われていた袋を思い出し、開けた。火打ち石が入っていた。

「日本武尊」　渡辺審也画

そこでまず剣で、自分のまわりの草を刈り払って、火打ち石で火をつけた。「向かい火」をつけたのだ。それでやっと火の海を脱出し、騙した国造どもを皆、斬り殺し、火をつけて焼いた。目には目を。火には火をだ。自分が焼き殺されそうになったので、国造どもを斬り殺すだけでは飽き足りず、その上で火をつけ焼き殺したのだ。

「言向け和平す」余裕などはない。騙し討ちをするような奴は皆殺しだ、と言わんばかりに。火をつけて焼いたので、その地を「焼津《やきつ》」と言うんだよ、というオチまでついている。ヤマトヒメからもらった神剣で草を払って助かった。これで、「草那芸剣」になったんだ。

ミヤズヒメと婚約して、舞い上がって油断するからこんなことになる。熱田神宮じゃダメなんだ。日本を守るのは伊勢神宮だ。という教訓の声も聞こえてくるようだ。

ところで、『古事記』では、尾張から一足飛びに相模の国に行ったことになっている。だが、『日本書紀』では、相模ではなく「駿河」になっている。「焼津」の地名からしても駿河の方が正しい(物語の整合性がある)と思う。でも、小さな矛盾や間違いを数え立てても仕方ない。もっと広い心で楽しもう。それに、「焼津」という地名がこんな昔からあったのかどうか。この物語を読んだ後の人が、そういえば、焼津という地があるからと、面白がって、『古事記』に入れたのかもしれない。だって、この手の語呂合わせがあまりにも多いのだ。

ヤマトタケルが、野原で火をつけられ危うく殺されそうになったという話を読むと、どうしても大国主《おほくにぬし》 命《のみこと》の話を思い出してしまう。同じように火をつけられ、命からがら脱出する場面があるからだ。オホクニヌシは因幡のシロウサギを助けた話で有名だ。シロウサギを苛めたのはオホクニヌシの悪い兄弟たちだ。何せ80人も兄弟がいて、それが皆、オホクニヌシを苛めるのだ。壮大なイジメだ。「80人の兄弟」で思い出した人もいるだろう。ヤマトタケルも80人の兄弟がいた。「八」は「多い」を意味するだけだという人もいる。「八」は末広がりだし、大八洲、八紘一宇、という表現もある。しかし、ヤマトタケルとオホクニヌシ。二人の間には共通性もある。もしかしたら、同一の人物だったのではないか。あるいは、〈理想的な人間〉のイメージを二人の人間として表現したのではないか。一人は朝廷の皇子だ。一人は朝廷に国を奪われ、出雲に追いやられる。ともに、智略で戦う英雄だ。そして、最期は悲劇だ。似ている、と思った。

オホクニヌシは兄弟に苛められ何度も死ぬ。焼けた大石につぶされ、さらには大木にはさまれて。そのたびに母が助け、生き返らせる。「ここにいてはいくら命があっても足りない。ご先祖のスサノヲの所に行きなさい」と母は言う。しかし、そこでもスサノヲの苛めに遭う。スサノヲの娘・須勢理毘売《すせりびめ》 命《のみこと》と愛しあったばかりに……。蛇の部屋に入れられたり、矢を探しに行かされ、火をつけられたりと。そのたびに、スセリヒメに助けられる。火をつけられた時は、ネズミが出てきて脱出路を教えてくれたのだ。いつも女性によって命を助けられている。ヤマトタケルと同じだ。

又、この苛めに耐えかねて、オホクニヌシはスサノヲが寝てる時に、髪を柱にくくりつけて逃げ出す。まるで「ジャックと豆の木」だ。スサノヲは、怒って追いかけるが、最後は、あきらめ、「お前は大した奴だ。娘をよろしく頼むぞ！」と叫び、大声でカラカラと笑う。かわいい娘をとられた父親の気持ちをよく表わしていると、学者たちは言っている。それだけではないだろうが、どう解釈してもいいんだ。

「ねずみに助けられるオオクニヌシ」堀江友声画

「スセリヒメとともに逃げるオオクニヌシ」堀江友声画

さて、火からの脱出の話だ。ネズミ穴から逃げるという話の方が合理的だし、説得力がある。ヤマトタケルは、草を切り払い、そして火をつけて、火の向きも変えたという。「向かい火」とか「迎え火」と書かれている。そんな事が出来るのだろうか。

福永武彦の『古事記物語』(岩波少年文庫)によると、こうある。

「火打ち石で火をつけますと、もえはじめたほのおは、反対に、まわりを取りかこんだ火のほうへともえて行き、火のいきおいも弱まりました」。つまり、火で火を中和したのだ。それよりは風向きが変わって助かったと考えた方がいいのじゃないか。いや、そう考えるのは現代的でいけないのか。でも、「火で火に対抗する」というのが、やはり分からない。

「あるいは出来たかもしれないぞ」と野村秋介さんに言われたことがある。野村さんは「新右翼の教祖」と言われた人で、1993年に朝日新聞社で自決した。1963年、日ソ漁業交渉で河野一郎農相は国を売ったとして河野邸を焼き打ちし12年、千葉刑務所に収監された。さらに、誇りを忘れ、経済至上主義の日本にした元凶は経団連だとして、経団連占拠事件を1977年に起こした。それで府中刑務所に6年収監されていた。

多分、千葉刑務所を出所してからすぐだと思う。河野邸焼き打ち事件の話を詳しく聞いた。その時僕はうっかりして、「河野邸を放火した時……」と言ってしまった。「バカ、放火じゃない。焼き打ちだ」と叱られた。エッ同じことじゃないのかと思ったが、どうも違うようだ。放火というと、ムシャクシャして火をつけたとか、いたずらや、あるいは社会を騒がすために火をつけた、そういったイメージだ。焼き打ちはそれに対し、思想的・政治的だ。日本史の時間でも習ったが、信長がいろいろな寺に火をつけたのは政治的なものだから、「焼き打ち」と書かれていた。

思想がからむと言い方も変わる。「立てこもり」だとただの犯罪で、人質をとって「逃げた女房を連れて来い!」と叫ぶような事件だ。ところが、「憲法改正!」「占領体制打倒!」とスローガンをかかげると、同じことでも「占拠」「籠城」となる。「自殺」でも政治性があると「自決」になる。

だから河野邸は「焼き打ち事件」なのだ。では「八百屋お七」はどうなのか。ただ、ムシャクシャして火をつけたのではない。恋しい男に会いたいという「目的」をもって火をつけた。でも、これは思想・政治ではない。だから「放火」だ。

「火は生きものなんだよ。鈴木君」と野村さんは言った。初めはよく分からなかった。でも、こういう事だった。家は焼く。しかし人を傷つけるつもりはない。だから、家人を全員外に出した。その上で、ガソリンをまき、火を付けた。それで終わりのはずだった。ところが、アッという間に火は燃え盛り、何と、自分たちに向かって襲いかかってくる。これは全く考えにいれてなかった。命からがら、逃げ出した。

「初めて火を付けたんだから、火が自分に向かってくるなんて思ってもみなかった。火は生きものだし、それ自体の意志を持ってるんだよ」と言っていた。新聞を見ていると、放火をして逆に自分が火傷したり、中には焼死する人もいる。そんな馬鹿なと思ったが、野村さんの話を聞いて納得した。

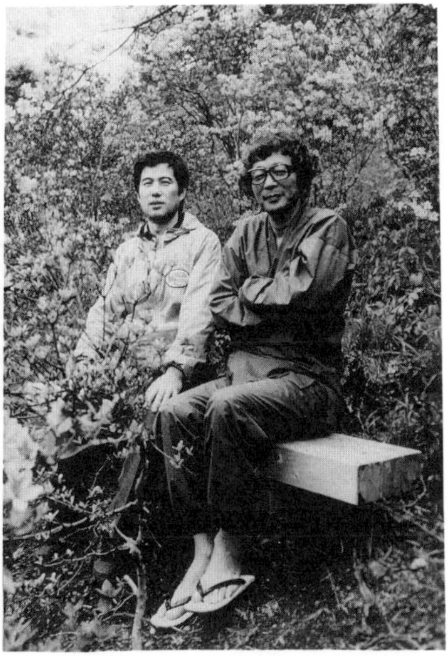

故野村秋介氏と筆者・鈴木邦男

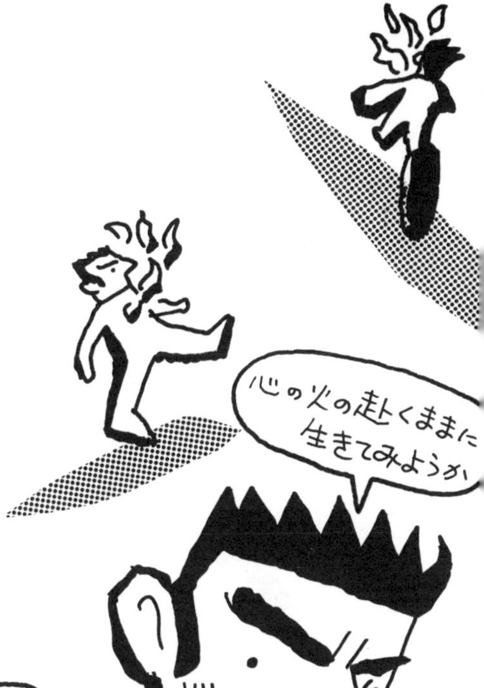
心の火の赴くままに生きてみようか

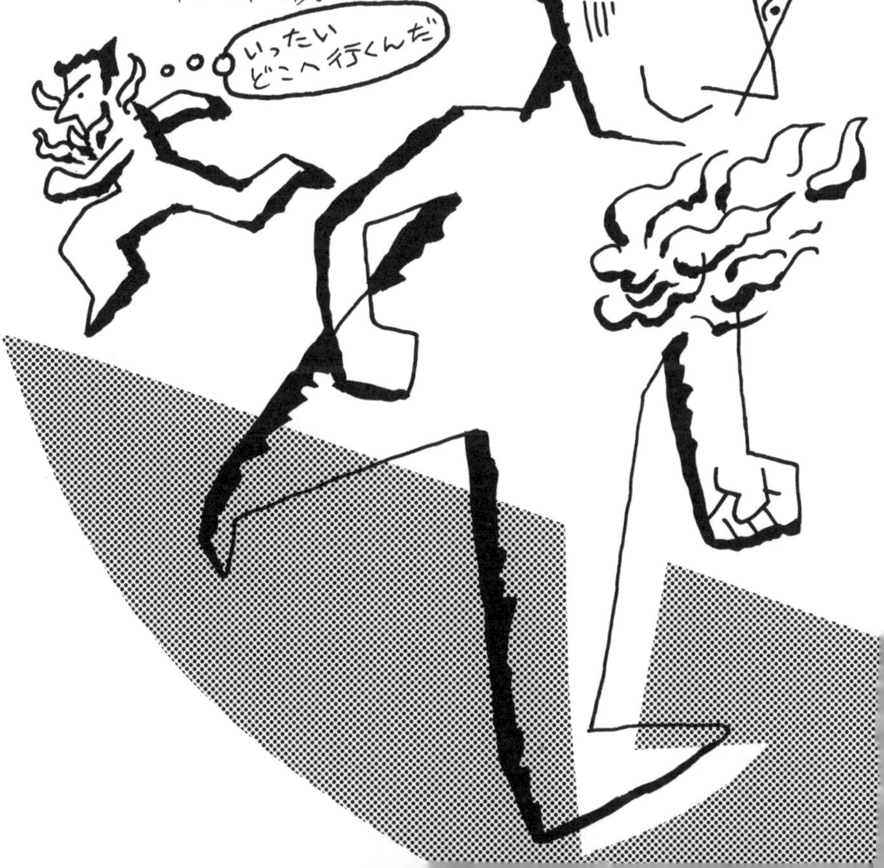
いったいどこへ行くんだ

野村さんの話には続きがある。自分も逃げ出し、家人も全員逃げ出したと思った。ところがお手伝いのお婆ちゃんが逃げおくれた。腰を抜かして、へたり込んでしまったのだ。家に火を付けられるなんてなかなかない体験だ。気が動転し、腰を抜かしたのだ。それで野村さんは引き返し、何と、そのお婆ちゃんを背負って、逃げた。そのおかげでお婆ちゃんは助かった。普通なら人命救助で表彰されるところだ。だが、火を付けたのは野村さんだし、12年も刑務所に入れられた。人を殺しても10年以下で出ることは多いのに、放火だけで12年だ。それも「人助け」までやってるのに。日本では木の家が多いから、昔から放火の罪は重いのだ。

又、火を付けた人間の思惑を超えて、火は猛り狂う。火は生きものだし、自らの意志を持って、附近の家屋をも舐めつくす。火にも〈思想〉があるのかもしれない。火を付けた人間の方に火が戻ってくることもある。「ヤマトタケルの話だって、あながち嘘じゃないだろう」と言う。さらに、「だから、焼き打ちをやる時は気をつけろよ」と野村さんに言われた。「僕なんて根性がないからとてもそんな事、出来ませんよ」と言った。

『日本書紀』には、〈一説によれば〉という形で、他の説も紹介している。学問的だし、客観的に見てるんだという姿勢が見える。ヤマトタケルが火を付けられ、やっと脱出した場面でも、こんな「解説」というか「附記」がつけられている。

〈一説には、皇子の差しておられる天《あめ》叢雲剣《のむらくものつるぎ》が、自ら抜けだして皇子の傍の草をなぎ払い、これによって難を逃れられた。それでその剣を名づけて草薙《くさなぎ》という――。〉（宇治谷孟『全現代語訳　日本書紀』講談社学術文庫）

エッ、勝手に剣が動き回って、なぎ払ってくれたのかよ。まるでSFX映画を見るようだ。こうなると主人公は神剣だ。やはり、神剣物語なのだ。

9．入水！ 弟橘《おとたちばな》比《ひ》売《め》命《のみこと》

さて、「火炎地獄篇」を脱出したヤマトタケルだが、一難去って又一難。今度は「水難地獄篇」が待っていた。「火と水」を対にして主人公を襲わせるなんて、作者も考えている。うまい。ドラマチックだし、スペクタクル映画を見ているようだ。

東国征伐の戦いを進めるヤマトタケルが船に乗って、走水《はしりみづ》の海を渡っている時だった。この海峡に住んでいる神が荒波を起こし、船は全く進むことが出来ない。木の葉のようにクルクルと回り、今にも波に呑まれて沈みそうだ。その時、お后《きさき》の弟橘《おとたちばな》比《ひ》売《め》命《のみこと》が、「これは海の神の祟りです。皇子の身代わりに私が海に入り、しずめましょう。皇子は大事な東征の任務を成しとげて、天皇に覆奏して下さい」と言って海に飛び込んだ。その時、菅《すが》畳を八重、皮畳を八重、絁《きぬ》畳を八重に波の上に敷いて、その上に下りて入水した。

その入水によってさしもの荒波もおさまり、船は無事進むことが出来た。

その時、后はこう歌によんだ。

さねさし　相武《さがむ》の小野に　燃ゆる火の
火中《ほなか》に立ちて　問ひし君はも

その７日後、その后の御櫛が海辺に漂ってきた。その櫛を取って、御陵を作り、その中に納めて葬った。

ヤマトタケルの物語の中でも一番感動的な場面だ。走水の海とは相模国から上総国（房総半島）に渡る海峡で、浦賀水道にあたるという。なぜ急に海が荒れたのか。「なぜ」もないだろう。海なんかよく荒れるさ、と言うだろうが、違う。海にも山にも谷にも神が住み、意志を持っている。ヤマトタケルの暴言に怒って、「こんな船、沈めてやる！」と、暴風を起こしたのだ。

これは『日本書紀』に書いてある。走水の海を見て、「小さい海だ。こんな海など飛び上がってでも渡ることができる」と馬鹿にした。叔母のヤマトヒメからは、「ゆめゆめ油断してはなりませんよ」と注意されていたのに、つい大言壮語してしまったのだ。海の神が怒るのも当然だ。

相手が海の神では神剣も役に立たない。ましてや火打ち石も。ヤマトタケルも、ただオロオロするだけだ。何も出来ない。この時、お后のオトタチバナヒメだけが落ち着いている。「私が皇子さまの身代わりになって、海の神の怒りをしずめましょう」と言う。「アンタがバカな事を言うから海の神を怒らしたんじゃないの」なんて怨み言は言わない。ましてや、「ミヤズヒメなんていう女にうつつを抜かして舞い上がってるからこんなことになるのよ」とも言わない。言いたいんだろうが、そんなはしたない嫉妬は口にしない。「私しかあなたを救う人はいないのよ」とばかりに海に飛び込む。何というけなげな精神。何という気高い精神。

ヤマトタケルは危機に遭っては、いつも女性に助けられる。「男を産むのは女。男を生かすのも、救うのも女」という思想が見える。ウーマンリブだ。クマソタケルを征伐した時、女装したが、あれだって「女性こそが本当は強いのだ。女性がヤマトタケルを助け、導いていくのだ」という本篇に対する布石だったのかもしれない。

このオバのヤマトヒメには何度も励まされ、助けられている。身に付けている着物をもらい、神剣・火打ち石をもらい、それで死地を脱出した。海が荒れ狂った時はオトタチバナヒメに助けられた。とすれば、これは「偉大な女性の物語」だ。しかし、不思議な女性・ミヤズヒメがいる。この女性は何も助けていない。この姫と婚約し、舞い上がったために油断して、海の神をあなどり、死にそうになった。又、これから触れるが、帰途に立ち寄り、久しぶりに交わろうとしたら、生理だという。英雄物語には似つかわしくない話だ。「こんなことになったら面白いのにね」と宮廷の女たちが脚色し、付け加えたのかもしれない。さらに、このミヤズヒメにうつつを抜かし、神剣を忘れ、戦いに出て敗れる。それが元で死ぬ。とすると、この女とかかわったためにヤマトタケルは死んだ。だから、この女は「敵のスパイではないか」と解釈している人もいる。

ウーン、難しい。ヤマトタケルを助ける、いい女二人(ヤマトヒメとオトタチバナヒメ)。そしてヤマトタケルに取り憑き、精を吸いとり、死地に赴かせる魔性の女、ミヤズヒメ。と、物語では善悪、明暗、はっきり分けて見せてくれる。でも、本当はどの女にだって、これら両方の性質がある。それに翻弄されるヤマトタケル。もしかしたら、ヤマトタケルは、いわばマリオネットだ。あやつるのは三人の女たちだ。これは三人の女たちの物語だ。

「神話なんだから、心の優しい、いい女だけを登場させればいいじゃないか」と思う人もいるだろう。そうしたら「神国・日本」の成り立ちを子供たちに、スッキリと教えられる。軍国主義の時代の教師たちもきっとそう思ったはずだ。「我々の苦労も考えてくれよ。魔性の女や、生理の話なんか書かないでいいだろう。イヅモタケルを騙し討ちにした話だって、子供には教えづらいよ」と。

でも、これは嘆いた教師が悪いんだ。そんな目的で神話は作られていない。人間の生き様をもっとリアルに伝えたかったんだ。神々や天皇の話ではない。我々、人間の話だ。もっと生々しい話だ。日本は大らかな寛容な民族だった。軍国主義教育になんか利用出来なくて当然だ。そう言っているのだ。

きみも
マリオネットだよ
ヤマトタケル
古事記
鈴木邦男

　ヤマトタケルの物語だって、「天皇のために戦う雄々しい皇子」の物語ではない。ハムレットのように悩み、苦しむ一人の男の物語だ。そう、君たちのように。僕らのように。いや、彼が主人公ではない。むしろ、皇子をあやつる三人の女性の物語だ。それも、単純に「いい女」二人と、「わるい女」一人と見てはいけない。いい女で、いつも男のために尽くすという女は、ありがたいが、息がつまるだろう。わるい女に逃げ込んで、ホッと息をつきたくもなるだろう。それがミヤズヒメだ。「キャー、今日は生理だわ」なんて騒いでみせる、あほな女だ。でもそんな、つつしみのない、あほな女に男はひかれる。そしてのめりこむ。あまりにのめりこんで、戦いなのに剣を忘れていく。逆に言えば、そこまでひかれ、のめりこんだのだ。一番愛したのはこのミヤズヒメだろう。結果的にはヤマトタケルを殺した。でも、愛とはそういうものだ。カマキリだって、食われるのを覚悟で、メスとの性交に挑むではないか。

　いや、「いい女」「従順な女」で、ヤマトタケルの危機を救ったオトタチバナヒメにだって、そんな〈魔性〉はあったのかもしれない。だって、入水する時に、やたらと道具だてが物々しい。ただ飛び込むのではない。菅畳や皮畳などを八重に敷き、その上に乗って入水した。神々しい儀式だ。幾重にも厚く敷いた畳に乗って、まるで海を旅してゆくようだ。これが『アラビアン・ナイト』なら魔法のじゅうたんに乗って空をかけるところだ。空と海と違っても、何やら同じ旅立ちを感じさせる。

　又、美しい女性の入水というと、壇ノ浦での平家の悲劇が思い出される。ダブって見えてくる。源氏に追われ、もはやこれまでと、女官たちが次々と海に飛び込む。一番あわれなのは7歳の幼い安徳天皇だ。天皇に「われをばいづちに具してゆかむとするぞ」と問われ、二位の尼は「浪の下にも都のさぶらふぞ」と答えて、手をとって、共に海に投じた。

「ユディットⅠ」グスタフ・クリムト画

ここに男の首をもっているぞ!

　いや、オトタチバナヒメだって、海の底に都があると思ったのかもしれない。危機にあってヤマトタケルの身代わりになって死ぬ。それだけではない。この仰々しい儀式は、実は〈嫁入り〉だという。つまり、海神の妻となることだ。次田真幸は『古事記』の中で、「菅畳八重・皮畳八重・絁《きぬ》畳八重」を解説してこう言う。

〈「菅畳」は菅《すげ》を編んだ敷物。「皮畳」

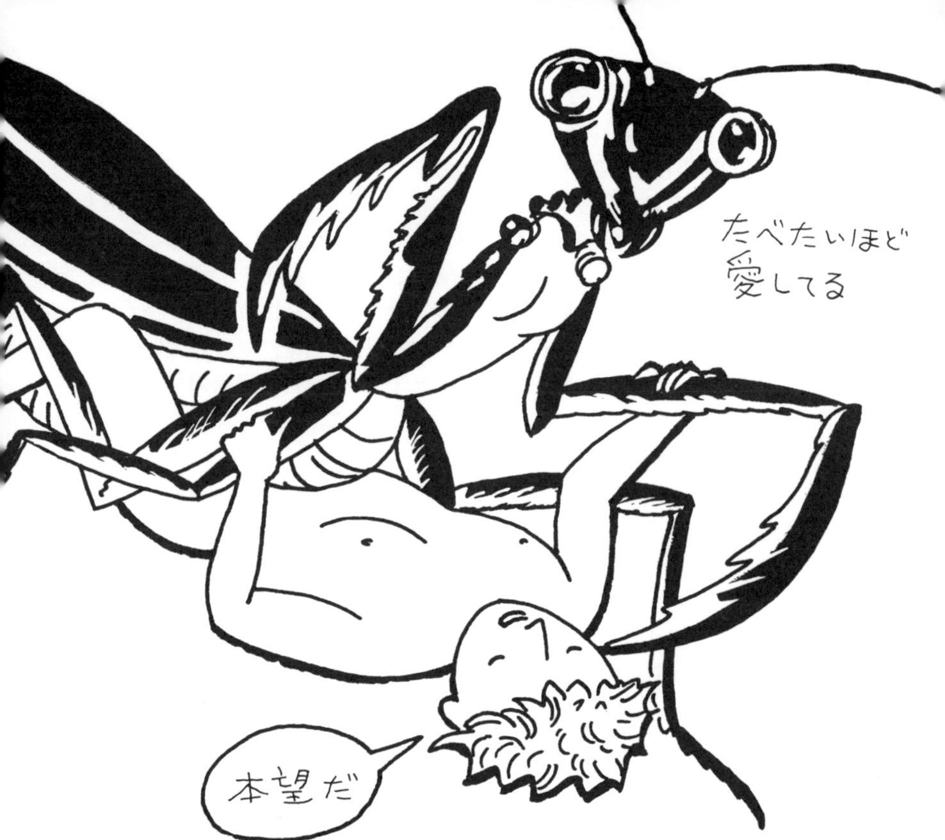

は獣皮で作った敷物。ホヲリノ命の海神宮訪問の神話に、「みちの皮の畳八重を敷き、また絁《きぬ》畳八重をその上に敷き、その上に坐《いま》せて」とあったのと同類で、ここはオトタチバナヒメを海神の妻、すなわち巫子《みこ》神として表現したのである。〉

エッ、そうだったのかと驚いた。そして、スーパー歌舞伎『ヤマトタケル』のあのシーンは決して荒唐無稽ではなかったのか、と思った。入水シーンで、オトタチバナヒメは、「私は海神の妻になるのだ」と、むしろ誇らしげに言って畳の上に乗る。「ちょっと現代的な解釈じゃないのかな。無理だよな」と、その時は思った。でも、根拠のある話なんだ。スーパー歌舞伎の原作になった梅原猛の『ヤマトタケル』(講談社)には、こう出ている。オトタチバナヒメは言う。

〈(海の神様が)きっと私の美しさに魅せられたにちがいありません。私と皇子様が、あんまり仲がよいので、やきもちを焼いたのでしょう。私は美しい。世界一美しい。美しい花を海の神がほしいのだって…。〉

そして、こうも言う。

〈海の神様は、私を可愛がってくださるのでしょう。私は、地上の皇子の妃から、海の神様の皇后になるのです。皇子の妃から、海の大王様の皇后様に。それは出世、出世ではないかしら。〉

〈私は皇后になりたかった。皇子が天皇になり、私が皇后になる。そういう夢を見たこともあります。〉

初めてこれを読んだ時(スーパー歌舞伎を見た時)、そんな馬鹿な！　と思った。特に、「それは出世ではないかしら」なんてはすっぱな事を姫が言うかよ、雰囲気がぶち壊しになるじゃないかと思った。それに姫は后ではないのか。たとえ后でも、ヤマトタケルは女が大勢いる。彼女らへの嫉妬もあったのか。「私が第一の后になってやる」という決意か。いや、「ヤマトタケルの后では第一になれない。だから海神に嫁いで、本当の皇后になる」という。ヤマトタケルへの当てつけ、縁切りなのか。「私は皇后になる。だからあなたも天皇になってごらん」という挑発かもしれない。

あるいは、と思う。今まで戦ってきた「沼の神」「山の神」「海峡の神」は、実はそこに住む豪族だった。少なくとも僕にはそう思えた。とするならば、ヤマトタケルを悩ました「海の神」とは実は、海賊かもしれない。だから、姫は嫁ぐのだ。違うだろうか。もっと邪推すれば、女を使って海の神を謀殺したのではないか。「私の最も大切なものを差し上げる」といって敵を安心させ、その油断を見はからって殺したのではないか。純心なイヅモタケルと剣を取りかえたように、お互い最も大事なものを取りかえ合い、〈同志〉になって、そして騙し討ちにしたのではないか。「智謀の将」ヤマトタケルのことだ。その位やったかもしれない。

その点、兄の大碓命は愚直だ。女に一途に恋をし、父・天皇の見初めた女を奪ってしまった。そして天皇の怒りを買い、ヤマトタケルに殺される。それほどの女だったのか。命を賭けるほどの恋だったのか。もしヤマトタケルならば、たとえ恋をし、「味見」をしても、天皇にきちんと届けただろう。そして天皇と一緒に食事の儀式にも出ただろう。「親子丼という言葉はこの時から言われるようにな

りました」と『古事記』の著者は面白がって書いたかもしれない。

いけない。どうも妄想が先走りしてしまった。これではヤマトタケルを冒瀆することになるか。いやいや、それだけ考える材料を提供してくれるのだ。だから偉大な神話だ。

話を戻して、オトタチバナヒメの入水だ。この時、オトタチバナヒメは歌をよんでいる。もう一度紹介する。

さねさし　相武《さがむ》の小野に　燃ゆる火の
火中《ほなか》に立ちて　問ひし君はも

「さねさし」は相武（相模）の枕詞で、小野は野原だ。「問ひし」は安否を尋ねることだ。つまり、ヤマトタケルは相武で騙し討ちに遭い、火攻めで殺されそうになった。その時でも私のことを心配し、気にかけて下さった。だから、その人の身代わりに私は入水するのです。といった意味だろう。悲恋物語だ。これだけの方がスッキリする。「海神への嫁入り」など考えない方が、スッキリする。でも『古事記』の編者は、これもこれもと知ってることを物語の中に投げ込んだのだろう。

この入水から７日後、オトタチバナヒメの御櫛が海岸に流れ寄った。そこでヤマトタケルはその櫛を取り、御陵を作って、その中に納めて葬った。「櫛は神霊の宿る標識であったから、櫛をさした女性は、神妻としての巫女であったことを示している」と次田真幸は前掲書で言う。それはそうだろうが、櫛は女性そのもの、あるいは女性の思いと解した方がいい。死んでからも、恋しいヤマトタケルのもとに慕って来たのだろう。櫛はオトタチバナヒメそのものだ。だから、本人を葬るように陵を作って手厚く葬ったのだろう。

「クシナダヒメと老夫婦に事情を聞くスサノオ」楊洲周延画

櫛が女性を表すというのはスサノヲの命の八俣大蛇《やまたのをろち》退治の所にも見える。大蛇の人身御供にされようとしたクシナダヒメを救うのだが、この時、クシナダヒメを櫛に変えて、自分の髪にさして出かける。映画『日本誕生』の時も、このシーンだけは印象に残っておぼえている。「ゆつ爪櫛《つまくし》にその童女《をとめ》を取り成して、御みづらに刺して」と『古事記』には出ている。「ゆつ爪櫛」とは神聖な爪の形をした櫛だという。

櫛に変身させて自分の髪にさしておけば安全だと思ったのだ。福永武彦の『古事記物語』(岩波少年文庫)ではこう書かれている。

〈スサノヲの命は、魔法の力をふるって、少女を櫛の形にかえてしまいました。そして、その櫛を自分の髪にさしました。こうしておけば、スサノヲの命がたたかっているあいだじゅう、クシナダ姫もいっしょにいるわけですし、姫が怪物にたべられるおそれもないわけです。〉

でも、姫の安全を考えたら両親の家においてきた方がいい。髪にさしたのでは、いつ落ちるか分からない。かえって危ない。だから姫の「安全」というよりも、櫛に宿る霊力によって守ってもらおうとしたのだろう。櫛は女性そのものであり、神の霊が宿るのだから。

クシナダヒメは『日本書紀』では奇稲《くしいな》田姫《だひめ》、『古事記』では櫛名田比売《くしなだひめ》と記されている。次田真幸によれば、奇稲田姫は、霊妙な稲田の女神の意だという。そして「八俣大蛇《やまたをろち》」は書紀では「八岐《やまた》大蛇《のをろち》」と記し、「身一つに八頭八尾あり」と記しており、頭と尾がいくつもある蛇体の水神。大小の支流を合わせて流れる肥河《ひのかわ》の水霊である、と言う。

書紀の方が科学的、実証的だ。つまり「八」は「多い」を表わすが、八岐に分かれ、氾濫する河を表わす。稲田はいつも押し流されて、大変な被害だったのだ。ヤマトタケルはその治水工事をしてやったのだろう。そう読める。

でも『古事記』はクシナダヒメから〈櫛〉を連想して、一大冒険ドラマに変えた。ここでは治水工事なんか考えられない。本当の神話の魅力がある。そして八俣大蛇の尾の中から出てきた剣が、「草那芸」となって今度はヤマトタケルを救う。又、二人とも櫛によって助けられる。スサノヲは髪にさした櫛の霊力で大蛇を退治できた。ヤマトタケルもオトタチバナヒメによって助けられ、死んだ姫は櫛となって皇子のもとに戻ってきた。二人の姫は櫛なのだ。そして、荒ぶる河(八俣大蛇)、荒ぶる海と戦った。似ている。でも「元は同じ話だったのでは」なんて野暮なことは言わない方がいい。

「スサノオノミコト」松本楓湖画

10. 魔性の女・美夜受比売《みやずひめ》

西征の旅では連戦連勝だったヤマトタケルも東征の旅では苦戦を強いられる。火あぶりにされそうになるわ、海で死にそうになるわ、火炎地獄、水難地獄、そして次は女難地獄だ。

オトタチバナヒメに助けられたヤマトタケルはさらに東の奥に進み、荒れ狂う蝦夷《えみし》どもを平定し、又、山や川の荒ぶる神々を平定し、都へ帰還しようとした。『古事記』は簡単にこれだけで終わっているが、『日本書紀』ではもっと詳しい。蝦夷の首領島津神・国津神なども登場し、その戦いと服従の様子が書かれている。しかし、東北出身の僕にしてはあまり気分はよくない。次田真幸は「蝦夷」についてこう解説している。

〈エミシは後にエビス・エゾと変化した。古く東北地方に居住して、反乱をくり返した種族で、主としてアイヌ人であったらしい。〉

じゃ僕らもアイヌの子孫なのか。大和朝廷に討ち破られ、追われ追われて東北の奥地に行き、さらに北海道に行ったのか。これだったら明治維新の時の幕府軍と同じだ。

さて、東征を終え都へ上る時、足柄山の坂に着き、そこで一休みをして食事にした。その時、足柄峠の神が白い鹿になって、やってきた。そこでヤマトタケルは食い残した蒜《ひる》の片端を、待ちかまえて

いて鹿に投げつけると目に当たり、鹿は死んでしまった。

遊び半分に食事をやろうとして投げつけたら運悪く鹿の目に当たったのかと思ったが、どうも違うようだ。足柄峠の神だと見破って、目に当てて殺したのだろう。「ヒル」といっても生き物の「ヒル」ではない。そんな気持ちの悪いものは食わない。ユリ科の植物で、ニンニク・ノビルなどの古称である。

そこでヤマトタケルはオトタチバナヒメを思い出し、三たび嘆息をし、「あづまはや(あゝ、わが妻よ！)」と叫んだ。それでその国を名付けて吾妻(東)というのである。

これを初めて読んだ時、エッと思った。こんな下らない理由で「東《あづま》」と名付けられたのか。いやだな、と思った。東北人として馬鹿にされた気持ちだ。いくら恋しい妻かもしれないが、あゝ妻よ！と叫んで、それが東の語源だなんて……。でも、天皇は「東の国を平定せよ」と命じたのではないか。だったら、初めから東《あづま》と言っていたのではないか、と思ったら、「東《ひむがし》の方《かた》十二道の荒ぶる神、またまつろはぬ人等を言向け和平せ」と天皇は言っている。「ひむかしのかた」と言ってるのだ。ということは、蝦夷の跋扈する「東」は「ひむかし」と呼ばれていたが、ヤマトタケルが妻を恋しがってため息をついた時から、「あづま」とも呼ばれるようになった。そういうことなんだろうか。

ヤマトタケルはその国を越えて甲斐国に出て、酒折宮《さかをりのみや》に着いた時、こう歌った。

新治《にひばり》　筑波《つくは》を過ぎて　幾夜か寝つる

新治は常陸《ひたち》国の地名で今の真壁《まかべ》郡の東部にあたるという。筑波は今の茨城県筑波郡だ。そこを出てから酒折宮に着いた。そこは甲府市酒折町の酒折神社の地だという。筑波からここ酒折まで幾夜旅寝をしただろうと詠んだのだ。

すると夜警の火をたいている老人が、皇子の歌に続けて、こう詠んだ。

日日並《かがな》べて　夜には九夜《ここのよ》　日には十日《とをか》を

日数を重ねて夜では九夜、日では十日になりますと答えたのだ。九泊十日の旅でしたというわけだ。両方とも大してうまい歌ではないが、すぐに歌を返した老人をほめて、何と、東国造《あづまのくにのみやつこ》に命じた。「御火焼《みひたき》の老人《おきな》」が歌を継いだだけで一躍大出世だ。

何か嫌だな、とここでも思った。だって、この老人は何者だろう。都から兵隊として連れて来た人間か。「老人」とあるから、そんなはずはない。地元の人間、つまり東の人間なのだろう。教養のない東の人間が、「鄙《ひな》」には珍しく歌をよんで答えた。それで感動し、一挙に「国造」にしてやったのだ。東の人間を馬鹿にしている。なめてると思ったね。まァ、未開の、教養のない荒ぶる東の人々を平定した物語だから仕方ないのかもしれないが……。

そして、ふっと石川啄木の歌を思い出した。「かなしきは小樽の町よ　歌ふことなき人々の　声の荒さよ」という歌だ。東北人の啄木が、さらに東の小樽の人を馬鹿にしている。ここでは、誰も和歌をよんだりしない。そんな精神の高さはない。そう言っているようだ。そんな時に、一人でも気のきいた和歌を作る人がいたら、ヤマトタケルのように感動したのだろう。

蛇足ながら、啄木の話を続ける。奇妙なことに小樽の町には啄木のファンが多く、この歌も歌碑になっている。「そんなに自虐的になることもないだろう」と思っていた。ところがある時、テレビで小樽の人が語っていた。啄木会の会長だったと思う。「この歌は決して小樽の人を馬鹿にしてるのではない」と言う。小樽では皆、働き者ばかりで、仕事に忙しく、とてものんびりと歌などはよめない。そんな活気のある生活をよんだのだ……と。

ウーン、そうかなと思った。ちょっと贔屓《ひいき》の引き倒しじゃないのか。我田引水じゃないのか、と思った。じゃ、初めの「かなしきは」は何だろう。「悲し」ではなく古文の「かなし」で、「愛らしい」「好ましい」という意味なのか。強引な解釈だと思うけどな。

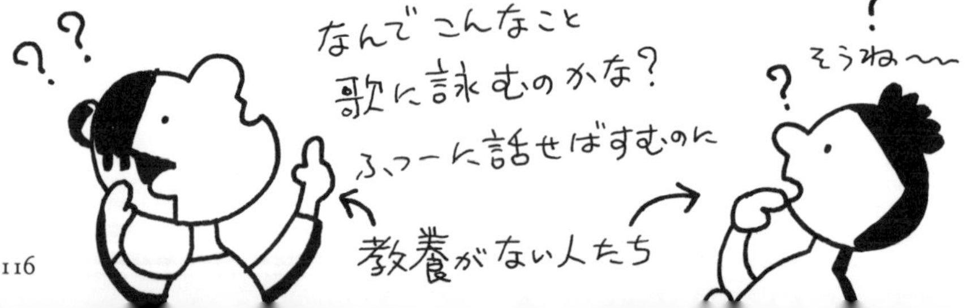

① 教養は特権だから
② 教養を持てば持つ程
教養人の悩み
③ 差別的な存在となる。

かなしきは
なかなかわかってもらえぬ
このきもち……
石川啄木
1886〜1912

とにかく、「御火焼《みひたき》の老人《おきな》」を東国造に任じてから、さらに都へ向かって進む。甲斐国から信濃国に入り、信濃の坂の神を平定し、尾張の国に来た。行く時に婚約した美夜受比売《みやずひめ》のもとに帰ってきたのだ。姫は大喜びで、御馳走しようと食膳を運び、お酒をついでくれる。ところが、これからトンデモナイ話になる。神話にこんなことを書いていいのか、と思われるシーンだ。

膳を運ぶ姫の着物のすそをヤマトタケルがひょいと見たら、何と、「月経《つきのさはり》」がついていた。本当にそう書かれているのだ。しかし我らがヤマトタケルは英雄だ。それを見て少しも驚かず、いや、少しは驚いたのかもしれないが、平静をよそおって、こんな歌をうたう。

ひさかたの　天の香具山《かぐやま》　利喧《とかま》に　さ渡る鵠《くび》　弱細《ひはぼそ》　撓《たわ》や腕《かひな》を　枕《ま》かむとは　我はすれど　さ寝むとは　我は思へど　汝が著《け》せる　襲《おすひ》の裾《すそ》に　月立ちにけり

『阿刀田高の楽しい古事記』（角川書店）の中で、阿刀田はこの歌をこう訳している。

〈ひさかたの天の香具山　夜空を切り渡る白鳥の姿　そのように美しい　そのように細い　あなたの腕を抱こうと思い

寝ようと思い　だが　うちかけのすそに月が出ている。〉

とヤマトタケルは嘆いたんだ。嘆きたくもなるだろう。行く時は婚約だけにして、我慢して東国征伐に行った。それも終わって、やっとのことで姫のもとに来て、さて交わろうかと喜び勇んでいたら、生理なんだ。「チェッ、間が悪いな」と僕らだったら舌打ちもするところだ。ところが天皇の御子だ。そんな下品な事はしない。上品にお歌をよんで、「お月さんが上っているよ」と言った。

これに答える姫も又、優雅だ。やはり歌で返す。

高光る　日の御子　やすみしし　我が大君　あらたまの　年が来《き》経《ふ》れば　あらたまの　月は来《き》経《へ》行く　諾《うべ》な諾な　君待ちがたに　我が著《け》せる　襲《おすひ》の裾《すそ》に　月立たなむよ

再び阿刀田の訳だ。

〈高く輝く太陽の御子よ　わが大君よ

あらたまの年が来て過ぎ行けば　あらたまの月もまた来て過ぎて行く

ほんと　ほんと　あなたを待ちかねているうちに　私の着るうちかけのすそにも月が出ました。〉

歌なんてよんでる場合じゃないだろうと思うが……。でも見事な問答歌だ。だから、この歌は、かなり後に、つまり時代が新しくなってから追加されたと言う人が多い。あまりにうますぎるし、技巧的だ。「あなたを待って待って年が続き、月も経った。だから着物の裾《すそ》にだって月が立ちますわ」なんて、なかなか言えない。それに羞恥心がないのだろうか。着物に滲み出るほどの生理だ。さらに男に指摘されたら、真っ赤になって家の奥に逃げ込むのではないか。それなのに悠々としたこの居直り。何なんだろう。かわいくないな、と僕なら思う。

それに、「しまった」「ごめんね」というところを、長々と問答歌にしている。こんな時でも歌をよみ合うのがルールなのだろうか。そういえば、ヤマトタケルがイヅモタケルを騙し討ちにした時も、悠々と歌をうたっていた。阿刀田はこの本の中で、「武士道のルールは守らずとも歌道のルールはちゃんと守っている」と冷やかしていた。いや、冷やかしではないな。こう言っている。

〈先の女装といい、今度の刀の交換といい、武士道的倫理が問われる時代ではなかったのだ。悪者を討つのなら騙し討ちも結構。〉

そんな時代だったのだと言っている。騙し討ちで勝ったといっては歌をよみ、「生理か！」とガックリきては歌をよみ、要所要所でキチンと歌をよむんだ。

「いや、別にガッカリしたわけではない。お前らとは違う」と言う人がいる。次田真幸だ。

〈ヤマトタケルとミヤズヒメとの間に贈答される歌は、いわゆる物語歌であって、ここではミヤズヒメの月経が歌われている。初潮を女性の一人前の成長のしるしと考えてこれを祝う風習は、今日なお遺《のこ》っているが、古代では初潮を見た女性を一人前の女性と見なして、神に仕える巫女の資格を得たこと、また結婚の能力をそなえたものと考えたのであろう。〉

ということは、婚約した時はまだ生理がないから交われなかった。別にヤマトタケルが「戦いの前だから」と我慢したのではなく、姫が結婚の「能力」を備えてないから出来なかった。でも帰りに寄った時は、あら嬉しや、生理があって結婚の「能力」が備わった。そういうのだ。

だったら二人とも、手放しで喜べばいい。しかし、そんな喜びの歌ではない。「おいおい、やっと会えたと思ったら生理かよ」「ごめんね。でも、あまり待たすからよ」という問答歌ではないか。神話だからといって、そんなに「学問的」「神聖」に考えることはないだろう。

おめでとう！

中山千夏は『姫たちの伝説＝古事記にひらいた女心』(築地書房)の中で、神話の中に、生理の場面があることを「本邦最初の月経の記録」として評価している。そして言う。「日本書紀が無視したこの場面を、ちゃんと残しておいてくれたことには盛大な拍手を送りたい」。

ただ、一つだけ文句を言っている。

〈古事記の「月経」をツキノサハリと読むのは、古事記より後世の感覚による、イイカゲンな読み方だ。〉

なるほど。神話研究、古代史研究をやってるのは男ばっかりだから、〈男の論理〉で読んでたわけだ。〈サワリ〉と思うのは男の側だ。じゃ、大昔は、〈ツキノサワリ〉ではなく、〈ツキノミチ〉とか〈ツキノトオリ〉と読んでいたのかもしれない。

僕も昔、ヤマトタケルの立場になったことがある。恋しい女にやっとのことで会えて、さて交わろうかと思った時に、「生理なの」と言われ、「エッ、本当かよ」とガックリきた。そしたら女が即座に言い返した。「何よ、なかったら一番困るのはあなたでしょう！」。なるほどな、と思い、苦笑してしまった。そして歌をうたった(これはしなかったか)。

前に紹介した田辺聖子の『古事記』(集英社)にしろ、中山千夏のこの本にしろ、女性からの新たな読み方、視点を教えられ、大変参考になった。

中山千夏は絶賛したけど、でも、この生理場面は、飛ばしてる本が多い。特に子供向け、家族向けの本は、皆、省いている。映画『日本誕生』にもなかった。平泉澄の『物語日本史』にもなかった。福永武彦の『古事記物語』にも、鈴木三重吉の『古事記物語』にもなかった。下手に書いて、「これな〜に？」と大人が子供に聞かれたらマズイと思ったのかもしれない。

鈴木三重吉は『赤い鳥』を創刊した童話作家だ。『古事記物語』(原書房)ではヤマトタケルの章は「白い鳥」になっている。死んでから白鳥になって飛んでいったという伝説を踏まえたのだろうし、自分の「赤い鳥」を意識して対照的に「白い鳥」と書いたのでもあろう。

ともかく、生理の場面は、「皇民教育」には役立たない。でも、戦前、戦中は天皇の名前を全部暗記してた子供も多かったという。だったら『古事記』だって読んでただろうし、学校の先生も〈聖典〉として教えていたんだろう。その時も、ここの部分だけは省いたのか。でも、本には載っている。飛ばすには飛ばす理由も言わなくてはならない。先生もさぞや困ったろう。「まいるな、こんな場面を書いてくれちゃ」と編者を怨んだことだろう。

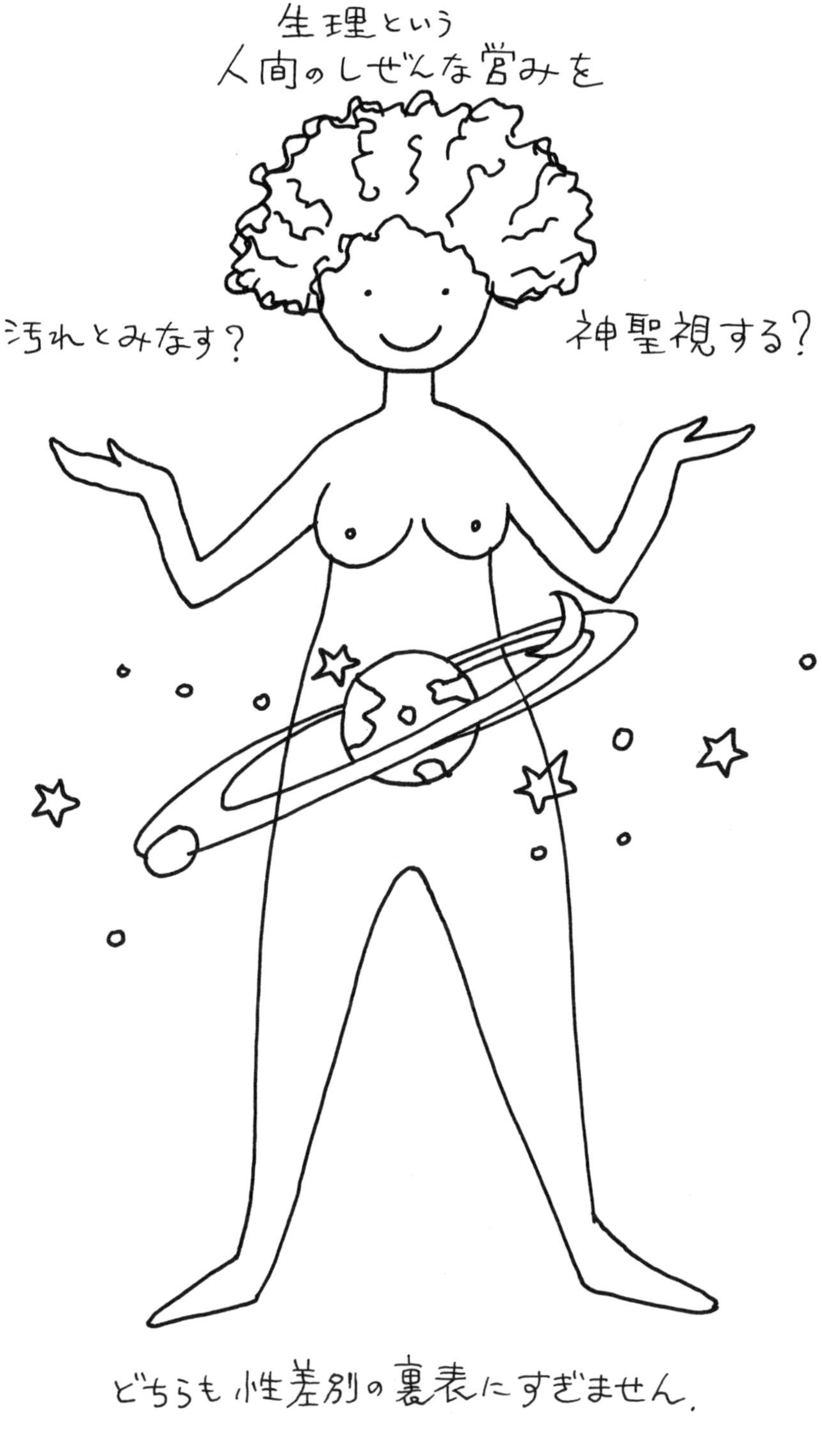
生理という
人間のしぜんな営みを
汚れとみなす？
神聖視する？
どちらも性差別の裏表にすぎません。

いや、編者にしても、後々日本が西欧列強を相手に戦争するとは思ってもいない。そのための「皇民教育」に使われるとも思っていない。特に生理シーンなんてそうだ。多分、「まじめな殿方が息せき切って帰ってきて、さて交わろうとした時、生理よ、なんて言ったらどんな顔をするでしょうね」と笑い合いながら、宮中の女たちが書き加えたのだろう。スーパー歌舞伎の台本になった梅原猛の『ヤマトタケル』(講談社)では、そんな雰囲気を伝えている。ミヤズヒメの召使いたちが、「うちのおじょうさんはそそっかしい」「時々失敗もするけれど」「やっぱり、ヤマトタケルの命さまのお后に、ふさわしい」とはやす。そしてこんなことを言う。

召使い1　今宵は月も出ぬそうな。
召使い2　はかまの裾に出るそうな。
召使い3　宵待ち草のやるせなさ。

召使い3　出た出た月が。

召使い4　赤い赤い月が。

召使い1　三池炭坑の上に出た。

召使い2　さぞや、命《みこと》さん。

召使い3　困るだろう、困るだろ。

と、現代風に冷やかしているが、この話を読んだ人々だって、当時はこんな〈ノリ〉で読み、楽しんでいたのだろう。そして、「こうしたら面白くなる」「じゃ、この話も入れちゃおう」とどんどんふくらませていったのだろう。書き、編集しているうちに、「面白くしてやろう」という色気が出たのだ。

でも、ヤマトタケルは律義だね、と思った。だって、ちゃんと約束を守って、帰ってきたんだ。あまたいる天皇や皇子の中には、そんな約束をしても忘れたり、すっぽかしたりした人も沢山いた。中でも一番凄いのは雄略天皇だ。ある時、川で洗濯をしている娘をナンパした。あっ、いけない。天皇さまにナンパなんて言葉を使っちゃ。洗濯してる娘にお声をおかけになられた。名前を聞くと赤猪子《あかいのこ》と言った。「うん、かわいい。必ず呼ぶから結婚しないで待っていろ」と言った。嬉し、恥ずかし、娘はその言葉を信じて、待った。しかし、いくら待ってもお迎えは来ない。そのうち80年も経った、というから凄い。「これじゃもうお仕えできない。でも信じてずっと待っていたことだけは分かってもらいたい」と、天皇を訪ねた。天皇は完全に忘れていた。「何だこの婆さんは」と思った。話を聞いて驚いた。「しまった！」と思った。「これは申し訳のないことをした」と謝り、又、赤猪子の長く待っていた心根をほめ、数々の贈り物をあげて、そのままお家に帰しましたとさ、という話だ。

悲しい話だが、ユーモラスだ。本当に80年も待ったのか、あるいは「８」は「多い」を意味しただけなのか。それに、「80年待った」のではなく、「80歳になった」とも読める。15歳でナンパ、いや、声をかけられても95歳か。まァ、80歳でも95歳でも大して変わらない。ともかく老婆だ。『古事記』では贈り物を沢山あげて帰したという。でも、「綸言《りんげん》汗の如し」という言葉がある。天皇の言葉は一旦発せられたら、元にもどすわけにはいかない、汗と同じだ、という意味だ。

雄略天皇は「必ず呼ぶから、結婚しないで待っていろ」と言ったのだ。だったら、80年経っても、きちんと責任をとるべきだ。だから、本当は（泣く泣く）交わったのかもしれない。その方が、物語としては完結するし、スッキリする。

じゃあな….
お供します。
どうもね

よかったね〜
ちゃんと行ってみるもんだね〜
というわけよ
私も行ってみようかな….
どーせ覚えてないんだったら…

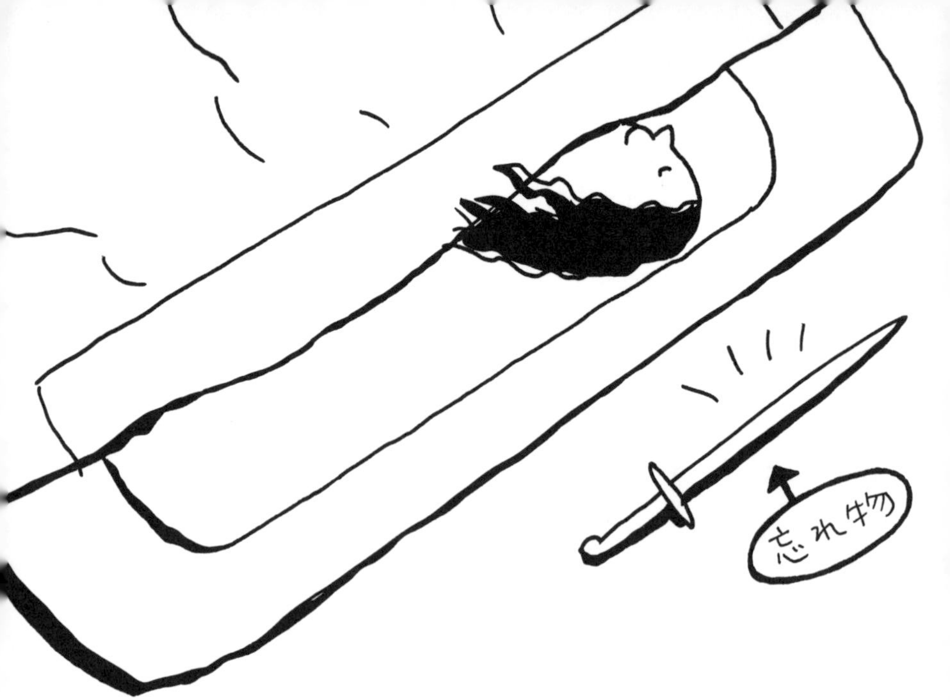

ヤマトタケルだって、たとえ、ミヤズヒメが生理で、ガクッときても、そこは「綸言汗の如し」で、交わったのだ。

生理問答歌のあと、『古事記』ではこう書かれている。

〈かれ、ここに御合《みあい》しまして、その御刀の草那芸剣《くさなぎのつるぎ》をその美夜受比売の許に置きて、伊服岐《いぶき》の山の神を取りに幸行《いでま》しき。〉

生理にもかかわらず、この夜は結婚し、初夜の行事をし、そして次の朝、伊服岐《いぶき》の山（岐阜県と滋賀県にまたがる伊吹山）に住む神を討ち取るために出かけて行った。この時、大事な神剣・草那芸剣を姫のもとに置いていった。何かの理由があって預けていったのか。あるいは初夜疲れで、うっかり忘れていったのか。

僕は後者だと思うし、その方が話が通る。伊勢神宮でもらった剣をうっかり忘れるという気のゆるみ、油断があったから、これから後の苦戦が続くし、果ては死ぬことになる。あれほど「油断しないように」と伊勢神宮のヤマトヒメに言われていたのに……。何度も言うように東征物語は、「伊勢神宮縁起（物語）」なのだ。そこに熱田神宮の縁起が入ってくるから、ややこしくなるのだ。まあ、それだけ話が複層的になり、幅のあるものになった。とも言えるだろうが。

草那芸剣をミヤズヒメの許に置いて出かけたことについて、次田真幸はこう解説している。

〈ヤマトタケルノ命が伊吹山に出かけるとき、草那芸剣《くさなぎのつるぎ》をミヤズヒメのもとにとどめたのは、草那芸剣は熱田神宮の御神体であることを暗示したものである。ミヤズヒメはその剣をいつき祭る巫女《みこ》であった。

なお草那芸剣は、いわゆる三種の神器の一つとされているが、本来熱田神宮の御神体と、皇位継承のときに用いられる神器としての剣とは別個のものであったらしい。『古事記』では、草那芸剣はスサノヲノ命が大蛇を退治したとき得たもので、これを天照大神に献上したものと伝えている。〉

そう厳密に考えることもないだろうと僕は思う。ヤマトタケルの東征は伊勢神宮縁起が中心だが、その中に熱田神宮縁起も割り込んできたのだろう。それを混然一体とした物語としたのだから作者の腕はたいしたものだ。

草那芸剣は熱田神宮の御神体だからお返しして、旅を続け、苦境に陥った、というのでは何か変だ。伊勢神宮のヤマトヒメから草那芸剣を授かり、そのおかげで火攻めに遭った時に助かった。そして、今度は、うっかりとミヤズヒメの許に忘れたので、戦に負けた、という方が話の筋は通る。

そうか。熱田神宮縁起を無理矢理入れたのは、熱田神宮の関係者、あるいは熱田神宮ファンかと思ったが、逆かもしれない。伊勢神宮側が意図的に入れたのかもしれない。伊勢神宮の言うことを聞かないで熱田神宮に寄ったりするから罰が当たったんですよと。神さま同士の「内ゲバ」だ。そんな卑俗な見方をしちゃいけないのかもしれないが。国生みから始まって、日本の神話は八百万《やほよろず》の神さまの「内ゲバ」の物語ではないか。そこが又、大らかでいい。

さて、ミヤズヒメは「尾張国造の祖」と伝えられ、尾張連《むらじ》の祖先で、巫女的女性だという。尾張氏は熱田神宮を氏神とする豪族であった。ミヤズヒメがヤマトタケルに大御食《みけ》・大御酒《みき》を献るのは、尾張氏の朝廷に対する服属を表わしているという。これは次田真幸が書いている。

だから、伊勢神宮と熱田神宮の内ゲバなのだ。ヤマトヒメとミヤズヒメの女の争いでもある。尾張氏は朝廷に攻め滅ぼされた。いや服従した。その尾張氏の守り神が熱田神宮だ。とすれば、熱田神宮は出雲大社のようだ。朝廷に滅ぼされて出雲に追われた人たちを祭った出雲大社と、似ている。

じゃ、ヤマトタケルとミヤズヒメの結婚は単に愛情だけではない。服従の儀式の「引き出物」なのだ。そして、その儀式に生理の血が付いてたというのは、尾張氏の悔しさ、無念さを表わしている。これは考え過ぎだろうか。

ヤマトタケルにしたら、「こんなケチのついた結婚（本当は服従の儀式）なんか取り止めだ！」と言いたいところだ。しかし、姫の魅力にまいってしまったのだろう。だから生理にもかかわらず交わってしまったし、度を過ごして、寝すごし、頭もボーッとなって大切な草那芸剣を忘れて出かけたのだ。ドジなんだ、こいつは。いけない。天皇の皇子にドジなんて言っちゃ、右翼に襲われちゃう（あっ、僕が右翼か。じゃ大丈夫だ。でも他の右翼の人たちからは文句言われるだろう。でも、これは日本の大らかな神話だ。そして神々も天皇も、皇子たちも皆、僕らの〈先祖〉だ。もっと親しんでいいだろう）。

古事記の空想世界へ
とんでいこう！

黒岩重吾の大作『白鳥の王子ヤマトタケル』(角川文庫)では、ミヤズヒメ(宮簀媛と表記されている)は確信犯的な〈悪女〉になっている。だって、彼女はヤマトタケルの草那芸剣をわざと隠してしまうのだ。ヤマトタケルは「しまった。なくしたか」とあわてるが、本当は、ミヤズヒメが意図的に隠したのだ。「本当は」と言ったが、黒岩の小説ではということだ。

ではなぜ、そんなことをしたのか。大和朝廷に滅ぼされた尾張一族の怨みを晴らすための復讐か。守り神・熱田神宮の伊勢神宮に対するレジスタンスか。あるいは、彼女は滅ぼされた東のエゾのスパイで、彼らと通じてヤマトタケルを殺そうとしたのか。物語としてはこっちの方が面白いし、ありえそうだ。でも黒岩の小説は違う。恋に狂い、ヤマトタケルを独占したいと思う、女ゆえの〈犯行〉なのだ。

『白鳥の王子ヤマトタケル』は「大和の巻」「西戦の巻」(上・下)「東征伝」が角川文庫から出ている。そして、「ヤマトタケル・終焉の巻」が(まだ文庫にはならず)単行本として角川書店から出ている。

「終焉の巻」は『孤影立つ』という題名になっているが、草那芸剣をなくしたヤマトタケルは、まさかミヤズヒメが隠したとも思わず出かけ、伊吹山の神と戦う。ヤマトタケルは無意識に腰の草那芸剣を探す。それを山の神は嘲笑うようにこう言う。

〈「草薙剣はない、宮簀媛が隠した、これも媛に溺れ悦楽をむさぼった報いじゃ、人間はのう、たとえ王者であろうと一人で勝手に生きられぬ、自分が生きている間に撒いた種は実を結ぶ、よい実もあるであろうし、悪い実もある、王子はどう

尾張の復讐か？
伊勢神宮のレジスタンスか？
エゾのスパイか？
クマソの裏切か？
イヅモタケルのうらみか？
思い当たるフシがいっぱいある.

やら悪い実を得たのう」
「何故じゃ、何故宮簀媛は草薙剣を隠した?」
「王子が尾張を出ない、と思った、かりに出ても、あの剣がないと戦に負け、自分のもとに戻ってくる、と願ったのじゃ、女人は業が深い、王子ほどの男子《おのこ》も、それが見抜けなかった、淫欲のせいでのう」
神は笑った。〉

ヤマトタケルは答えられない。ただ、心の中で思う。「だが邪恋に悩み苦しむからこそ人間といえるのではないか。そうなのだ、吾は神ではない、人間なのだ」。
こんなところで思わぬ「人間宣言」をしている。勿論、ヤマトタケルは女にもてる。いくらでも女は寄ってくる。しかし、ミヤズヒメだけは一種独特なのだ。淫乱というか、淫欲の業火でヤマトタケルを焼く。「このままでは媛が王子の精気をみな吸い取ってしまう」と家来たちも騒ぎ、不安になる。事実、ヤマトタケルはふ抜けて、病床につく。言うことも変になるし、精神的に破壊されるのだ。ミヤズヒメの病が移ったのかもしれない。あの生理のシーンでも、媛の異常さを黒岩はこう書いている。

〈『古事記』は、信濃から尾張に戻った倭建《やまとたける》は美夜受比売(宮簀媛)と再会するが、食事を運んで来た媛の衣服の裾に月経(生理の血)がついていた、と述べている。この記述は余りにも生々しい。皇太子級の王子を迎える礼儀に反する。おそらく裳《もすそ》についていたのだろうが、正常な精神なら絶対有り得ない。かりに、編纂者の創作としても、媛の心が乱れ、病んでいることを、このような表現で知らせたかったのであろう。〉

僕もこの説には賛成だ。姫は普通ではなかった。心が乱れ、病んでいた。精神的な病気なのか。あるいは痴女か。いや、そこまで言ったら酷だろう。黒岩の小説では、姫はヤマトタケルの剣を隠す。そのためヤマトタケルは戦に敗れる。戦に敗れ、傷ついてもいいから自分のそばにヤマトタケルをおきたい。都に帰したくない。そうした姫の鬼気迫る独占欲を、「正常な精神ではない」と黒岩はここであらかじめ指摘しているのだ。僕だったら、姫は「ヤマトタケル暗殺」を決意していたからこそ心が乱れた、と思うのだが、黒岩は、「愛ゆえ」と近代的な解釈をする。愛ゆえの狂気なのだと。

姫は病気なのか。狂気なのか。しかし自分の思いを貫く、近代的な女性にも思える。そんな姫のとりこになったのだ、ヤマトタケルは。はっきり言って、この姫は「サゲマン」だ。男に運をもたらす「アゲマン」の女がいるそうだが、この姫はその逆だ。この姫と出会い婚約した途端、火攻めに遭う、船は難破しそうになる。そして再会してからはもっと悪い。初夜を迎えようとしたら生理だ。寝すごして戦いに出かけたら、最も大切な剣を忘れていく。そして戦に負ける。それがもとで、都に着く前に死んでしまう。

ミヤズヒメに会って、いい事は何もない。でも恋愛は理屈ではない。「こんな

女と付き合っていたら身の破滅だな」と思いながらも、ズルズルと引きずり込まれる。そんなことはある。皆もおぼえがあるだろう。そういう、危険なフェロモンを発散し、男をとりこにする魔性の女だったんだろう。ミヤズヒメは。

この部分は、ヤマトタケルの女難篇だ。伊勢神宮のヤマトヒメの教えを守らず、油断したヤマトタケルに「神罰」が下る話とも読めるし、「女性には気をつけろよ」という、世の男性への「忠告の巻」とも読める。学校では、そんな教え方をした先生だっていたんだろう。

もう少し、ミヤズヒメにこだわってみる。この姫は「自己主張」はあるが、他の姫のような「自己犠牲」はない。オトタチバナヒメは、ヤマトタケルの身代わりに海に飛びこんだ。命《みこと》の命《いのち》を救った。

ヤマトヒメは神剣や火打ち石を授け、危機を救った。しかし、ミヤズヒメは何もない。従順でもない。嫉妬深くて、精神的にも病んでいる。一体、どこがよかったんだろう。肉体だろうか。それしかない。そんな妄想さえ起こさせる女だ。

剣は武将にとっては命《いのち》だ。「商売道具」だ。それを忘れて行くなんて、命《みこと》も変だ。「正常な精神」ではない。

「商売道具」で思い出した。連合赤軍事件(1972年)に参加した植垣康博の『兵士たちの連合赤軍』(彩流社)という本がある。名著だ。赤軍派と京浜安保が連合して「連合赤軍」になり、陰惨な仲間殺し、そして「あさま山荘」の銃撃戦になる。しかし、連合する前の赤軍派はやたら明るいし、面白い。植垣は赤軍派の「M作戦」をやる。M(マネー)を作るための部隊だ。本屋で医学書を万引きしたり、「革命的度胸」をつけるためにひったくりをやったりする。銀行を襲い、包丁を突き付けて金を奪うが、ことごとく成功する。強盗のプロだ。それも楽しくやっている。「包丁一本、サラシに巻いて、銀行へ行くのもゲリラの修業……」なんて口ずさんでいる。当時はやった藤島恒夫の「月の法善寺横丁」の替え歌だ。

又、金がなくなると、「じゃ、銀行に下ろしに行くか」と言って出かける。強盗は「下ろしに行く」といった感じなんだ。又、強盗のために車を盗んでくるが、イザ出かけようとするとない。盗まれたのだ。「まいったなぁ、警察に盗難届を出すわけにもゆかないし……」。そこで皆で大笑いだ。凄い奴らだと思った。さらに、銀行に「下ろしに」行く時に、後ろから仲間の女子大生が追いかけてくる。包丁を忘れたのだ。そして彼女が言う。「ダメじゃないの、商売道具を忘れちゃ」。

これじゃ、ヤマトタケルと同じだ。いや、ヤマトタケルの場合は、忘れてもミヤズヒメが追っかけて持ってきてくれない。この植垣康博は、27年間獄中にいて、今は静岡市でスナックをやっている。時々、僕も会う。明るい男だ。地獄を生き抜いてきた、突き抜けた明るさがある。

しかし、いくら銀行強盗のプロとはいえ、慣れからきた油断だったんだろう。商売道具の包丁を忘れたのは。あるいは前夜、女性同志との愛の営みがあって、それで疲れて、うっかり大事な包丁を忘れたのか。だとしたら、まるっきりヤマトタケルだ。

やっぱり、新左翼とヤマトタケルは似ている。

兄を「教えさとせ」と言われて、ヤマトタケルは即、殺してしまったし。その「伝統」は新左翼に受け継がれ、「査問」「総括」と言ったら、これも即、殺している。さらに、女にうつつを抜かして「商売道具」を忘れている。

左翼に貢献した
藤島桓夫
なんかビミョーだな…
ホーチョー
いーっぽん

同志！
赤軍派

11. 伊吹山での敗戦

いよいよ運命の戦いだ。ミヤズヒメのもとに草那芸剣を忘れたまま、ヤマトタケルは伊吹山の神を討ち取るために出かける。

〈ここに詔《の》りたまはく、「この山の神は、徒手《むなで》に直《ただ》に取りてむ」とのりたまひて、その山に騰《のぼ》りましし時、白猪《しろゐ》山の辺に逢ひき。〉

と『古事記』にはある。

「この山の神なんか素手で討ち取ってやる」と豪語したのだ。剣を忘れたから、そう言ったのか。あるいは、素手で十分だと思ったから剣をミヤズヒメのもとに置いてきたのか。原文では後者にも読める。しかし、うっかり忘れてきて、ここで負け惜しみで、豪語してると読んだ方がリアリティがある。

ともかく、豪語して出かけたら、山のほとりで白い猪に出会った。その大きさは牛のようだった。ヤマトタケルは「この白い猪の姿をしてるのは山の神の使者だろう。だったら今殺さなくても帰りに殺してやろう」とあなどった。ところがこの白い猪は神の使者ではなく、山の神そのものだった。馬鹿にされ、あなどられた山の神は怒って、大氷雨（雹《ひょう》）を降らせ、ヤマトタケルを打ち惑わせた。命《みこと》は命《いのち》からがら逃げ出し、やっとのことで、玉倉部の清水の湧いている所にたどりついた。そして、やっと正気づき、回復した。それでこの清水を名づけて「居寤《ゐさめの》清水」という。

大変な目に遭ったのだ。ヒョウに当って失神して運ばれ、清水の所で水をかけられて、やっと息を吹き返したらしい。大失態だ。ようやく生き返ったのに、

「だからここを居寝清水と言う」なんて土地の起源話を書いている。そんなことをしてる場合じゃないだろう、と言いたくなる。後から入れたんだろうが、この手の起源話というか、ダジャレが多くて閉口する。ヤマトタケルはどんどん弱り、死に近づいているというのに……。

「玉倉部の清水」は、滋賀県坂田郡米原町の醒井《さめがい》とも、岐阜県不破郡関ヶ原町玉ともいわれている。その清水でやっとのことで息を吹き返したヤマトタケルは旅を進め、当芸野《たぎの》に着く。ここは岐阜県養老郡養老町のあたりと言われている。そこで、弱音を吐いてこんなことを言う。

〈吾が心、恒《つね》は虚《そら》より翔《かけ》り行かむと念《おも》ひき。然るに今吾が足得歩《えあゆ》まず、たぎたぎしくなりぬ。〉

気持ちは空をかけようと思っているのに、足は進まないと言ってるのだ。そのくせ、「かれ、其地《そこ》を号《なづ》けて当芸《たぎ》と謂ふ」とダジャレを言っている。そんなことを言ってる場合かよ、と思うが。「たぎたぎし」は道がでこぼこして歩きにくい様だという。阿刀田高は「たぎたぎしく」を「足を引きずって」と訳している。こっちの方がピッタリの気がするが……。

ヤマトタケルの哀れな旅はさらに続く。そこから少し歩いてゆくと、命《みこと》の疲れがあまりひどいので、杖をついて、ようやく歩いた。それでそこを名付けて「杖《つえ》衝坂《つきざか》」と言う、と又もや地名縁起だ。あの英雄ヤマトタケルが杖をついて、ヒョコヒョコ、ヨロヨロと歩いていくなんて。想像したくもない。無残な姿だ。

そこから少し行って、尾津前《をつのさき》の一本松の所に来た。そこで前に食事をした時、忘れていった刀がそのまま残っていた。そこで歌をよんだ。

〈尾張に　直《ただ》に向へる　尾津《をつ》の崎なる　一つ松　あせを　一つ松　人にありせば　大刀《たち》佩《は》けましを　衣《きぬ》着せましを　一つ松　あせを〉

尾津前は三重県桑名郡多座町付近で、古代ではこのあたりは海岸であったという。「あせを」は「吾兄《あせ》を」の意だが、ここでは囃詞《はやしことば》だという。自分たちがうっかり刀を忘れていったのに、ちゃんと残っていた。尾張に面した尾津前の一つ松がちゃんと守っていてくれたのだ。ありがたい。もしこの松が人間ならば大刀をはかせよう。着物も着せよう。……そう歌ったのだ。うっかり忘れていったのに、いい気なものだ、と思う。

あれっ、もしかしてこの大刀は草那芸剣なのか、と思ったが、どうも違うようだ。この点については、どの本も触れてない。ただ、忘れた大刀があった、とサラリと書いている。橋本治はどうかなと思って『橋本治の古事記』(講談社)を読んだら、なんとヤマトタケルの登場する前で、この本は終わっている。こりゃないだろうと思った。

ともかく、この大刀は草那芸剣ではないようだ。だって、草那芸剣はミヤズヒメの所に忘れてきたのだ。

でも「商売道具」を何度も忘れていくなんて、よっぽど、どうかしている。中村武彦先生の『古事記夜話』だけは、「これは草薙剣ではない」と断った上で、ヤマトタケルの〈心の弛み〉について触れ、叱っている。

〈それにしても、理屈を申すようだが、私どもの反省のためにあえて疑問を呈するならば、たとえ日常無事のときに佩いたたいした価のない刀であったにしても、それを路傍に忘れるという心の弛みは迂闊千万と申さねばなるまい。やはり刀は武人の魂であったはずだ。それはやがて大事なときに、何より大事な草薙剣を置いてくるという不覚につながる。日本武尊にしてこの失態があったのである。そのことを悔やむ武尊の気持が、この刀に対する愛情をひとしお高めた詠嘆となったと解してよいのではないか。〉

そういう詠嘆だったのか。僕には能天気な歌だとしか思えなかったが。だって、この大刀を忘れていったことさえ忘れている。帰りに寄ってみて、「あれっ、忘れていったんだ」と初めて気付いた。そして、テレかくしに、松の木にごほうびをやろうかと、ざれ歌をよんだ。それだけだろうと思ったのに……。

中村先生はヤマトタケルを日本人の原型として愛してやまない。それにしても、この心の弛みは何だ、と叱りつけている。前に、草那芸剣をミヤズヒメのもとに忘

れ、それで大敗北を喫する。天皇の皇子でありながら、油断をし、気が弛むとこうなる。それは神国日本だってそうだ。初めの勝ち戦におごり、気が弛んで敗北した。ヤマトタケルの運命はまさに日本の運命だった、と先生はこう言う。

〈それは過ぎし大戦において、はじめの頃は宣戦の大詔を拝して聖戦遂行の熱意に燃え、あれほどの見事な戦果を挙げ、アジアの解放独立を着々と推進して世界旧支配勢力の肝を寒からしめ大東亜共栄圏をまさに樹立せんとした日本が、緒戦の戦果に驕り、戦争指導者、国体を忘れ、国民の総力を発揮することもできず、後半戦においては敵の作戦に翻弄されて一方的に打ちのめされるばかりであった我々の体験と似ているのではないか。〉

ヤマトタケルを通して『古事記』や『日本書紀』は、我々日本人にどう生きるかを教えていると中村先生は言う。又、こんな失敗をしてはならないと警告している。それを忘れ、ヤマトタケルの慢心・気の弛みという失敗を、再びくり返したから、今回の戦争も負けたのだと言う。こうなると、神話というよりも、予言書であり、〈聖書〉だ。

後で又、触れるが、実は初めて『古事記』を読んだのは、「生長の家」という宗教団体の高校生練成会の時だった。中学、高校と学校では全く教わらなかったのに、「生長の家」で、『古事記』は古代人が霊感によってこの世の生成を知り書いた、聖なる書だと教えられた。そして、今の日本や世界のことを予言しているのだと言う。

たとえば、スサノヲの命が八俣大蛇を退治するが、この赤い舌をベロベロと出している大蛇は「共産主義」だという。八つのフロント(共産主義の手先)を使って日本に襲いかかっているという。

今、三十数年ぶりに谷口雅春先生(「生長の家」の初代総裁)の本をとり出してみた。その名もズバリ、『古事記と現代の預言』(日本教文社)だ。昭和43年5月が初版だ。60年安保の騒乱が終わり、次は70年安保だと言われていた時だ。谷口先生は宗教者でありながら愛国者であった。この国難に当たっては宗教者も立ち上がって闘い、日本を守るべきだと獅子吼していた。僕も、若い時に多くのことを学んだ。本来なら「谷口雅春は」と書くべきだろうが、おそれ多くて、書けない。中村先生と同じように、やはり谷口先生と書かしてもらおう。さて、八俣大蛇のところだが……。谷口先生はこう書いている。

〈『古事記』は八岐大蛇のことを「八俣遠呂智《おろち》」と預言的にその性格を説明しているのであります。八俣遠呂智とは、現代に於いては、八俣《やちまた》にひろがる「遠き呂《ろ》シアの智慧《ちえ》」であるマルキシズムのことを表わしております。それには澤山の頭や尾があるのです。それはマルキシズム運動の前衛または“フロント”と稱《しょう》せられているものであって……。〉

その当時は、「なるほど凄い預言だ」と素直に僕も信じていた。でも今読むと、ちょっと強引なこじつけじゃないのか、と思う。もっとも『古事記』そのものが地名にしても、強引なこじつけが多い。だったら谷口先生の読み方があるいは最も『古事記』的かもしれない、と思ったりもする。

スサノヲの命《みこと》は櫛名田比売《くしなだひめ》を救け、八俣大蛇を退治するが、クシナダヒメは8人姉妹だ。そのうち7人までが大蛇に食われてしまう。最後の姫が生け贄にされようとしてる時に、スサノヲの命は出くわし、話を聞いて、助ける。八俣大蛇は『旧約聖書』の「黙示録」に出てくる「赤き龍」であり、サタンだという。そしてこう言う。

「生長の家」初代総裁
谷口雅春先生

21世紀の日本は過去の厂史から何を学んだのか？

〈兎《と》も角、こうして“赤い龍”又はサタンは、地球全體を取りまいて八人の稚《おと》女《め》のうち、七人までを食いつくしてしまったのであります。これは赤い思想によって世界の君主という君主の「七つ《すべて》」が滅ぼされてしまって、あとは日本の天皇のみが残っているが、その天皇の位置も風前の燈火のようで、いつ八岐大蛇なるサタンに食われてしまうか分からない状態なのであります。櫛名田比賣《くしなだひめ》というのは、霊妙稲田姫《くししなだひめ》でありまして、「奇《く》し」とは霊妙なこと、稲田姫とは稲田の榮える瑞穂の國の、未だどこの國にも汚された事のない處女の如き神聖な國即ち日本國の魂のことなのであります。〉

何やら「ノストラダムスの大予言」のようだ。又、ここだけ紹介すると、「日本だけが素晴らしい」という皇国史観だと思われるかもしれないが、違う。これは日本の思い上がりや、人類の暴走をいましめているのだ、と言う。

イザナミとイザナギの神が国生みをするが、この神の名が象徴的だと言う。「ナミ」は細かく分割する働きをもち、物質文化を表わす。「ナギ」は草薙のように不揃いの草を一様に刈り揃えて平らにすることであり、ナミを静める凪《なぎ》であり、精神文化だという。この二つがそろって、初めて文化はつくられる。

イザナミの神は、国や人や、いろんなものを生み、最後には、危ないものを次々と生む。石楠船《いはくすぶね》神、火之夜芸速男《ひのやぎはやを》神、火之迦具土神《ひのかぐつちのかみ》……と。これらは爆撃飛行機、大砲、砲弾などを表わしている、と言う。こうした戦争道具を生んだあげくに、イザナミはミホト（女性器）を火傷

古事記はどんな予言をしているのか?

し、病にふせってしまう。ここで谷口先生は言う。

〈なんだかワイセツなことが書いてあるようだけれども、若《も》し『古事記』というものが、特に日本の國威を輝かすという特殊の目的をもって書かれたものでありましたら、こんな事は書かないはずであって、これはやがて来るべき事實の模型が霊的世界にある、それを直感して象徴物語として書いたものである證據とも言えるのであります。〉

〈象徴物語〉なのか、なるほど。「国威を輝かす」ために書かれた物語ではない、というのは大賛成だ。ヤマトタケルだって、後半は失敗ばっかりしている。人間は、いや、神だって、失敗する。それを教訓にして、生きろよということなのだろう。にもかかわらず、ヤマトタケルの失敗から日本は何も学ばずに、大東亜戦争で敗れてしまった、と中村先生は言う。

谷口先生の本は、ヤマトタケルが出るはるか前で終わっている。しかし、イザナギ、イザナミのところで、戦争を予言し、その敗北も予言してるという。イザナミが死んで黄泉の国に行くと、イザナギは忘れられずに、訪ねていく。しかし、うじのたかったイザナミを見て、逃げ出す。追いかけられるが、生命の桃の実を投げつけて、やっとのことで逃げ帰る。これは、イザナギ、すなわち精神文化の日本が、大東亜戦争に負けて逃げてきて、敗戦の状態になったことを表している、という。

又、（話は飛ぶが）、敗戦は、日本がおごり高ぶることをいましめた神の英智であるという。あの大戦で日本はインドからイギリスを追い出した。仏領インドシナからフランスを追い出した。フィリピンからアメリカを、インドネシアからオランダを追い出した。しかし、（ここからが重要だ）。

〈そのまま勝ち通しておったら、勝った軍隊が引き返して来る譯にも行かない。勝ち通していたら、やっぱり傲《おご》りたかぶった気持になり、其處に総督なり、日本の司令官をおいて永久支配したくなる。〉

〈そしたら今までアジアを侵略していた白色人種の侵略者の後継者になってしまいます。ところが、日本民族はそのような侵略者の後継者になるような民族ではない。本来侵略民族ではなく、救世主的使命をもつ民族だから、ともかく、一遍《ぺん》、白色人種を逐《お》い出して南方民族に民族精神勃興の種子を播《ま》いてしまったら、あとは、もう既に日本民族の役目終わりという譯で、「敗戦」という形をとって還ってくるということになったのであります。そして日本民族はアジア、アフリカの民族独立のために、十字架を背負ってキリストのように、他の民族を救って自分が敗戦したのであります。〉

こうなると敗戦も神の恩寵なのか。さらに、それは昔々に、『古事記』に予言されていたという。こうなると『古事記』は壮大な予言の物語だ。もしかしたら、谷口先生は、敗戦で打ちひしがれている日本国民を励ますためにこれを書いたのかもしれない。そういう読み方も出来るというのは『古事記』の凄いところだ。これからだって、もっといろんな読み方が出来るだろう。

伊藤博文と、和服を着せられた韓国皇太子・英親王.

じじつ
朝鮮に総督府を置き、
植民地として支配した.
（1910～1945）

グリューネワルト画

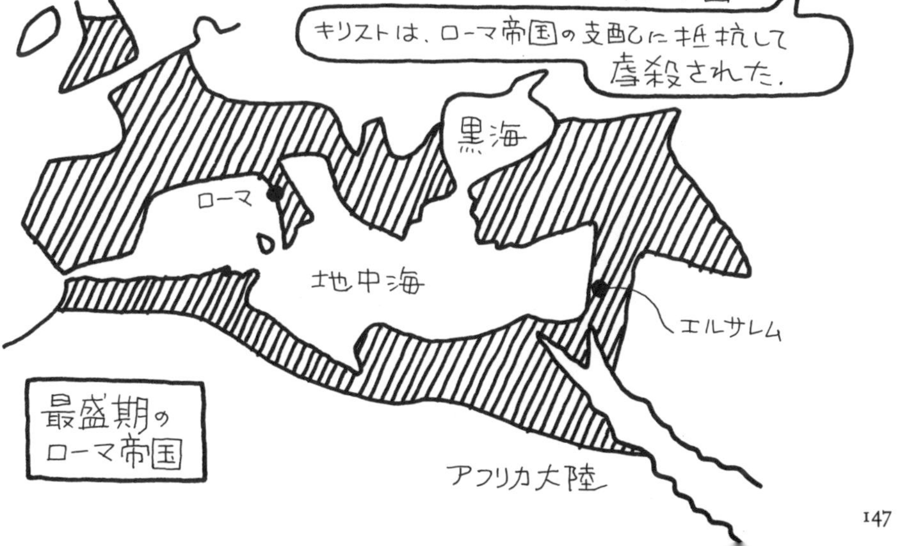

キリストは、ローマ帝国の支配に抵抗して虐殺された.
黒海
ローマ
地中海
エルサレム
アフリカ大陸
最盛期のローマ帝国

12. 英雄ヤマトタケルの最期

さて、大きく寄り道をしたが、本来のヤマトタケルに戻ろう。伊吹山の神をないがしろにしたばっかりに、神の怒りを買い、ヤマトタケルは雹に打たれ、たたきのめされて気を失う。やっとのことで玉倉部の清水で、一息つく。ところが足が全く進まず、杖をついてヨタヨタと歩く。尾津前に着いたら松の木に、前に忘れていった刀を見つけ、喜んで歌をうたった。お前が人間だったら大刀をはかせ、着物を着せてやるものを、と。

そこまで見てきた。それから先だ。それから、三重村に着いた時、こう言った。

〈「吾が足は三重の勾《まがり》の如くして、甚《いと》疲れたり」とのりたまひき。かれ、其地《そこ》を号《なづ》けて三重と謂ふ。〉

又もや弱音を吐いている。昔のヤマトタケルの姿はない。三重村は三重県四日市市のあたりだという。「勾《まがり》」は「勾餅」のことで、ほら貝の形をした餅を油であげたものだという。疲れてしまい、杖を頼りに歩いてきたが、足は三重の勾餅のように曲がってしまったと言った。それでここを「三重」というようになった。でも、その前から三重はあるんじゃないか。「三重村に到りし時、また詔りたまはく」と書いてあるし。と揚げ足をとっても仕方ないか。

それから更に歩いて能煩野《のぼの》に着いた。ここは鈴鹿山脈の野登山《のぼりやま》のふもとにある鈴鹿市加佐登町のあたりだという(谷口先生ならば、この能煩野という地名から、悩み苦しむヤマトタケルの苦衷を説明するかもしれない)。

ここで国を思って三首の有名な歌をうたう。

倭《やまと》は　国《くに》のまほろば　たたなづく
青垣《あをかき》　山隠《やまごも》れる　倭《やまと》しうるはし

命《いのち》の　全《また》けむ人は　たたみこも　平《へ》群《ぐり》の山の　くま白檮《かし》が葉を　うずに挿《さ》せ　その子

愛《は》しけやし　我家《わぎへ》の方《かた》よ　雲居立《くもいた》ち来《く》も

はじめの歌は余《あま》りにも有名だ。説明するまでもないだろう。大和の美しさをたたえ、そして恋しく思っている。今、体力がおとろえ、その美しい都に帰ることは出来ないのか、という悲痛な思いもある。

二首目は、「それに比べ、健康な人はいいな〜」とうらやましがっている。「たたみこも」は平群の枕詞、「くま白《か》檮《し》」は神聖な樫《かし》の木。「うずに挿せ」の「髻華《うず》」は「挿頭《かざし》」に同じく、花や青葉の枝を髪にさしたもの。その生命力を感染させるための呪術であった、という。「健康で元気な人はいいな。樫の葉を髪にさして、生命を謳歌したらいい」という意味だろう。

三首目は、遠く我が家が見えたのか。いや、心の目に見えたのだろう、なつかしい我が家の方から雲がわき起こってきている、と歌う。雲が自分を迎えにきたと見えたのか。そして、その雲に乗って帰りたいと思ったのか。何とも悲しい。

この歌をうたって、にわかに病が重くなり、その時に、こう歌った。

〈嬢子《をとめ》　床の辺《べ》に　我が置きし　剣《つるぎ》の大刀《たち》　その大刀はや
歌ひ意《を》へて即ち崩《かむあが》りましき。ここに駅使《はゆまづかひ》を貢上《たてまつ》りき。〉

なんともあっけない最期だ。それにしても、死の寸前まで気にかかっていたのは草那芸剣のことだ。草那芸剣がなければヤマトタケルは神通力を発揮できなかった。つまり、伊勢神宮の加護のもとにヤマトタケルは華々しい活躍をしたのだし、それがなければ哀れな末路を迎えるしかない。ミヤズヒメのもとに草那芸剣を置いてきた(忘れてきた?)ことへの痛恨が出ている歌だ。

ところで、あまりに有名な「倭は　国のまほろば……」以下の三首は、もともとは独立歌謡で、国見の儀礼で歌われる国讃《ほ》めの歌や、土地の民謡、望郷歌であったという。オリジナリティはないが、歌を詠む人にとってはよく知られた歌だ。

〈このようにヤマトタケルノ命という悲劇的英雄の一生を、国見歌や民謡風の歌を織り込みながら、最後を叙情的に歌物語風にまとめあげ、『古事記』の文学性を高めているのである。〉

と、次田真幸は解説している。

ヤマトタケルは死んだ。しかし、ここで物語は終わらない。白鳥になるのだ。「白鳥伝説」だ。この死後の物語があるために、ヤマトタケルは、今でも我々日本人の心に生きている。死んで3日後に復活したイエス・キリストのようだ。

「こんなことでヤマトタケルが死んでたまるか」という人々の悔しさ、無念さが、物語の中で白鳥として復活させたのだろう。それと、全国各地にある「白鳥伝説」が結びついた。ただ、白鳥になってよみがえっても、何かしたわけではない。陵から飛び出して、飛んでゆくだけだ。妻や子供たちや家来たちが追いかければ、又、飛んでゆく。ただただ、飛んで逃げる。悲しい話だ。

悲劇的な死を迎えた英雄には、「実は生きていて、脱出し……」という〈話〉がいくつもある。西郷隆盛が城山で死なないで、ロシアに逃げたとか。安徳天皇が壇ノ浦で死なないで硫黄島に逃げたとか。豊臣秀頼が大坂城で死なないで薩摩に逃げたとか。みな、たあいのない話だ。そこで死ななくても、いつかは死ぬ。逃げ隠れて暮らすより、悲劇的な死を迎え

たことで、その英雄は歴史に名を残したのに……。

だから、「実は生きていて……」という話は大体が下らない。例外的なのは、源義経が平泉で死なないで、北海道に逃げ、さらに大陸に渡ってジンギスカンになったという話だ。これだけ壮大な話ならば、聞いていても面白い。また、西郷がロシアに渡ったという話には後日談がある。明治24年(1891年)、ロシアの皇太子ニコライが来日した時、「西郷も生きていて、一緒に来日する」という噂が流れた。勿論、下らない噂だ。でもそれを信じた人々がいた。西郷が許されて日本に帰ると、政府の頂点に立つだろう。そして自分を攻撃した者たちを粛清する。西南戦争の軍功で与えられた勲等も剥奪される。警備をしていた巡査・津田三蔵もそう思った。病的な思い込みだ。そしてロシア皇太子に斬りかかり、重傷を負わせた。有名な大津事件だ。思えば罪つくりな「西郷伝説」だ。西郷は死んでまで、大津事件を起こしたのだ。

その点、ヤマトタケルは白鳥になってよみがえっても何もしていない。「実は、生きていて……」という話ではない。戦いに敗れ、都を前にして死んだ。しかし、白鳥と化して飛んでいった。それだけだ。人々が追いついたかと思うと、又、飛んでゆく。いや、今も飛んでいる。白鳥になって都に帰ったのだろうか。いや、白鳥になってもこの国を護っているのだ、という人もいる。あるいは、あれこれとヤマトタケルについて書いて、とらえた気になっている我々に対し、「お前たちに俺の心が分かってたまるか」と、白鳥はスルリと逃げて飛んでいるのかもしれない。

では、『古事記』に戻る。ヤマトタケルが白鳥になって、飛んでゆくの段だ。「ヤマトタケル死す」の報はいち早く大和にもたらされた。そして后たちや御子たちがかけつけ、御陵を造り、そのまわりの田の中を這い迎って、号泣した。そして歌った。

なづきの田の　稲幹《いなから》に　稲幹に
匍《は》ひ廻《もとほ》ろふ　野老蔓《ところづら》

「なづきの田」は、まわりの田、付近の田で、「匍ひ廻ろふ」は腹ばいになって回ること。死者のまわりを匍匐《ほふく》して泣哭するのは古代の儀式だったという。「野老蔓《ところづら》」はトコロイモ（ヤマイモ科）の蔓《つる》。お陵《はか》のそばの田に生えている稲の茎に、野老の蔓が這い廻り、からみついているが、そのように私たちも這い廻って泣いているんです。といった意味だろう。

こんな悲しい場面で失礼だが、「あれ、都には后がいたんだ」と驚いた。それも、何人も。「ここに倭《やまと》に坐《いま》す后等また御子等、諸々下り到りて御陵を作り、……」と書かれている。后たち、それに子供たちがいたんだ。一体何人の后たちがいたのか、それは分からない。今までは、后たち、子供たちについては一切書いてない。ここに突然出てくる。オトタチバナヒメやミヤズヒメは后だった、これは知ってる。しかし、他にもいたなんて。大らかな古代のことだ。何人いてもいいのだろう。「そんなこと、わざわざ書くことか」と『古事記』の編者には叱られそうだ。それに、入水したオトタチバナヒメにしろ、生理なのに交わり、ヤマトタケルをとりこにしたミヤズヒメにしろ、ドラマチックな姫たちだ。それに比べたら都にいて待っている后たちは、ことさら特筆すべきことのない平凡な女たちだろう。ドラマにならなければ、存在しないも同じ。そう編者は思ったのか。そんな平凡な后たちも、物語の最後にきて、やっと出番を与えられる。そしてただひたすら泣き、嘆き、歌う。そして白鳥を追う。

后ら、御子らが「なづきの田の……」と歌い、号泣してる時に、ヤマトタケルは御陵を出て、白鳥となって飛び立つのだ。

〈ここに八尋白智鳥《やひろしろちどり》に化《な》りて、天に翔《かけ》りて浜に向きて飛び行《い》でましき。ここにその后また御子等《みこたち》、その小竹《しの》の苅杙《かりくひ》に足跳《き》り破れども、その痛きを忘れて哭《な》きて追ひたまひき。この時に歌曰《うた》ひたまはく、

浅小竹原《あさしのはら》　腰なづむ　空は行かず　足よ行くな〉

ヤマトタケルは大きな白い鳥になって飛んでいった。古代人は、白い鳥を魂の姿と考えたという。神社には必ず鳥居があるが、あれも魂が宿る鳥がとまるからだという。そんな説を聞いたことがある。又、古代の習俗では素足で葬送に従ったという。だから竹の切り株などで足を切り、傷つけ、血を流し、でもその痛さなど忘れて泣きながら白鳥を追っていったのだ。

低い小竹の原を追ってゆくと、竹が腰にまとわりついて進めない。鳥のように空を飛べたらいいのに、それも出来ず、足は進まない。じれったい。といった意味の歌だろう。

小竹の切り株に足を切られ、さらに今度は浜辺を追ってゆく。

〈またその海塩《うしほ》に入《い》りて、なづみ行きまししし時に歌曰《うた》ひたまはく、

海が行けば　腰なづむ　大河原《おほかはら》の　植《う》ゑ草　海がはいさよふ

また飛びてその磯に居たまひし時に、歌曰《うた》ひたまはく、

浜つ千鳥　浜よは行かず　磯伝ふ

この四首は、皆その御葬《みはぶり》に歌ひき。

かれ、今に至るまでその歌は、天皇《すめらみこと》の大御葬《おほみはぶり》に歌ふなり。〉

海を追って行けば、腰まで水につかり進めない。海の水草のようにゆれ動くだけで、進めない。それに、浜辺を飛んでくれれば追いつけるのに、どうして磯伝いに飛んでゆくのか。うらめしい。そういう意味だろう。

この四首の歌は、ヤマトタケルの御葬儀にうたった歌だ、だからその後も天皇の御大葬の時に歌うのだ、と付け加えている。

ちなみに昭和天皇の殯宮の際にはこの四首が歌われたという。

13. 白鳥は何処へ行った

では最後だ。白鳥と化したヤマトタケルを追って人々は、ひた走る。竹の切り株で足を切り、海の中を腰まで水につかり、磯伝いに走り……。しかし白鳥は待ってはくれない。さらに飛び続ける。原文では。

〈かれ、その国より飛び翔《かけ》り行きて、河内国の志幾《しき》に留まりましき。かれ、其地《そこ》に御陵《みはか》を作りて鎮《しず》まり坐《ま》さしめき。すなはちその御陵を号《なづ》けて、白鳥御陵《しらとりのみはか》と謂ふ。然るにまた其地《そこ》よりさらに天《あめ》に翔《かけ》りて飛び行《い》でましき。凡《おほよ》そこの倭建命、国を平《ことむ》けに廻《めぐ》り行《い》でましし時、久米直《くめのあたひ》の祖《おや》、名は七拳脛《ななつかはぎ》、恒《つね》に膳夫《かしはで》として従ひ仕へ奉《まつ》りき。〉

「志幾」は今の大阪府八尾市のあたりだという。「膳夫《かしはで》」は宮廷の食膳のことをつかさどる者だ。「久米氏」は本来は宮廷の軍事にたずさわり、久米歌という戦闘意識盛んな歌が残っている。久米直の祖先の大久米命《おほくめのみこと》は神武天皇をたすけて果敢に闘っている。それが『古事記』にも出ている。久米氏は軍事だけでなく、膳夫としても奉仕した。最後の言葉は、軍事、食事の両面にわたって久米氏には世話になったということだろう。映画や本の最後に、誰々にお世話になりました、と書いてるのを連想させる。それとも編者がお世話になった人なのか。

さて、白鳥は伊勢国から飛び立って、河内国の志幾に留まった。そこで御陵を作って、「白鳥御陵」と言った。しかし白鳥はそこからさらに空高く飛び立って行った。

次田真幸はここをこう解説している。

〈白鳥は、ヤマトタケルノ命の霊魂であるが、その鳥が大和・河内の御陵にとどまることなく、天高く飛び去って行くところに、ヤマトタケルノ命の清純な性情と、永遠の生にあこがれる古代人のロマンティシズムの詩情が流露している。白鳥の後を追う后たちは、悲劇的英雄であるヤマトタケルノ命に寄せる、古代人の深い同情の気持を具体化して語ったもののようである。〉

大和の都に帰りたい一心でヤマトタケルは病を得てまでも杖をつき、必死に歩く。そして死んでからも、白鳥になって都を目指す。と、思ったら違うんだ。大和・河内にも留まらず、飛び立つ。「父は、私に死ねと言うのだろうか」というヤマトタケルの叫びが再び聞こえてくる。帰っても、自分の居る場所はない。そう思って再び、あてもなく飛び立ったのか。福永武彦の『古事記物語』では、こうなっている。

〈白鳥は、伊勢の国から、空を飛んで、とうとう河内の国の、志幾というところまで行って、羽をやすめました。そこでこの土地に、墓をつくって、白鳥のみささぎと呼びました。けれども白鳥は、そこからまた天にかけあがって、行方《ゆくえ》も知らず飛び去ってしまいました。

これが、父の天皇から愛されることのなかった、不幸な御子の物語です。〉

最後の一行が凄いね。オスカー・ワイルドに『幸福な王子』という小説がある。では、ヤマトタケルは「不幸な王子」なのだろう。もっとも、ワイルドの小説は、貧しい人々のために文字通り、身を犠牲にしてほどこし、死んでしまう。元々、銅像だから死ぬのではなく、ボロボロに

つばめよ おまえは
それで 幸福だったのか?
ヤマトタケルの白鳥
おたがい
つらいよね
まだまだ
夥しいツバメの命が
ついやされねば

なるのだが、彼だって「不幸な王子」だ。いや、自らの信念に生き、闘い、そして死んだのだから、二人とも「幸福な王子」かもしれない。

白鳥と化したヤマトタケルを追って人々が、野を越え、山を越えて追ってゆく。哀切きわまりない場面だ。中村武彦先生はそこで興味深いことを言っている(『古事記夜話』)。

〈日本武尊は地上に一片の骨もとどめず、霊魂永久に生きて、現に今も天翔り国翔りしておられると古代の祖先は信じた。その口マンを我々もまた信ずるのである。
武尊を慕う人々は、今もなお血を流しながら哭きながらその後を追い、後に続いているのである。
皇国の兵士、ことに特攻隊の若人たちは、みな日本武尊の化身と申してよいが、彼らが、「後に続くを信ず」と言って散華したその遺托に応えるためには、我々は、単に頭の中や口の先で「後に続く」と誓うのではなく、やはり、日本武尊の一族郎党のように、「小竹の刈株に足切れ破れども、その痛きをも忘れて哭きて追う」懸命の行動が伴わなければならぬのである。
思えば、日本の歴史とは、日本武尊や楠木正成や吉田松陰のような人々を慕って、その後を追う血と涙の積み重ねだったのではないか。〉

最後の一行にはハッとした。あっ、僕らもそうだったのかと思い当たったからだ。

たとえば近年になってからでも、神武天皇、日本武尊、楠木正成を慕う人々によって明治維新は達成された。また、明治維新後、「これでは本当の維新ではない」と思った西郷隆盛は西南の役を起こす。その西郷を慕う人、つまり、頭山満、内田良平たちが結社をつくり、それが「右翼」の初まりとされる。さらに昭和になって、血盟団、5・15事件、2・26事件と続く。
2・26事件を慕って三島由紀夫は昭和45年(1970年)、決起する。その三島を慕い、野村秋介は経団連事件(1977年)を起こす。この事件には元楯の会の伊藤好雄、西尾俊一も参加していた。三島事件に「遅れた」と思ったからだ。いわば「やましさ」にかり立てられて決起した。この経団連事件に続こうと野村の後輩たちが安藤太郎住友不動産会長宅占拠事件(1987年)を起こす。「先を越された」「何もしなくては申しわけない」と思う、「憂国の連鎖」なのだ。僕だって、30年前に一水会を作ったのがそうだ。学生時代、僕らが声をかけ、運動に誘った森田必勝が三島と共に自決した。25歳だった。誘った我々は、もう運動をやめて会社づとめをしてたのに……。

「森田必勝に申しわけない」「やましい」……という気持ちで、昔の学生運動仲間が集まった。そして月に一回でも勉強会をしようや、と思い、第一水曜日に集まった。それが一水会となり、「新右翼」と呼ばれるようになった。

ということは僕らだって、白鳥を追って走っている人間なんだ。ヤマトタケルだけが白鳥ではない。三島由紀夫も、森田必勝も、野村秋介も、皆〈白鳥〉なのだ。

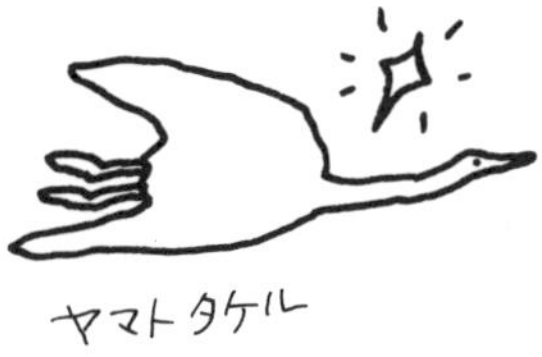

では、ついでにと言っては変だが、もう一人、強烈な愛国者のヤマトタケル信仰を紹介しよう。前にも引いたが、平泉澄の『物語日本史』だ。よく、こんなことが言われる。「ヤマトタケルは架空の人物だ」とか、「いろんな人間のエピソードを集めて作ったものだ」とか。

でも平泉は、「しかし、話の大筋は、事実であったでしょう」と断言する。その証拠として中国のいろんな歴史をあげる。又、もう一つの証拠として、こんなことを言う。

〈今一つの証拠といいますのは、およそ日本国の重大なる危機に臨んでは、皇室みずから先頭に立ってこれに当られ、御自身の苦難は少しもお厭《いと》いにならないのが、前後一貫した御態度であって…〉

その実例として、聖徳太子、中大兄皇子、後鳥羽天皇、順徳天皇、後醍醐天皇……皆、そうでしょう、と言う。ことに、後醍醐天皇の皇子が、大塔宮護良《もりなが》親王も、尊良《たかなが》親王も、恒良《つねなが》親王も、また懐良《かねなが》親王も、どなたも難局に二の足を踏まれなかった、と言う。そしてこう結論づける。

〈あとあとがその通りであれば、さきざきもまた同様であったでしょう。御子孫の勇ましく雄々しくましましたことによって、その御先祖の潔くすぐれておわしましたことを推察してよろしいのは、御血統がまっすぐに続いているからです。〉

なるほどな、と思った。説得力のある話だと僕は思った。こうなると〈信仰〉でもある。

ヤマトタケルの最期を書いて、名文だと思ったのは福永武彦の『古事記物語』だが、石川淳の『新釋古事記』(角川書店)もいい。全体を流麗な文体で訳している。白鳥が河内国の志幾に至って留まり、その地に陵を作り、それを白鳥御陵という。その後だ。

〈しかし、白鳥はまたそこより発して、さらに天翔り飛び去った。ひとびとは天のはて遠くただ白雲の浮くのをあふぎ見た。

「げに、この太子こそ神にておはした」

ちなみに、このヤマトタケル、諸国平定にめぐったをりに、久米直の祖、名は七拳脛といふもの、いつも膳夫としてこれに従った。戦陣の間、なほ大膳職をともなふ。死後の白鳥、生前の貴人、その影はただ記紀の歌謡にたゆたふのみ。〉

ウーン、これもいいなあと思った。それになぜ、最後が「膳夫」のことで終わっているのか、これは理由を書いている。激しい戦陣の間でも膳夫を伴う余裕を持って戦っていたのだ、と。なるほど、と思った。

後々の人々にこれだけ思われ、慕われたら武人としては本望だろうよ。たとえ、福永武彦の言うように、「父の天皇から愛されることのなかった、不幸な御子」だったとしても。

そこまで言われると
困るな〜〜〜
天皇

ところが、「いや、不幸な皇子ではなかった」と言う人がいる。「天皇から愛されなかった」というのも嘘だという。それも『古事記』と双璧をなす『日本書紀』に書いてあるのだ。宇治谷孟の『全現代語訳日本書紀』から要点を引くと……。ヤマトタケルの死を聞いて。

〈天皇はこれをお聞きになり、安らかに眠れなかった。食べてもその味もなく、昼夜むせび泣き、胸をうって悲しまれた。〉

我が子の死をこんなに嘆き、悲しんだのだ。そして西征、東征のヤマトタケルの戦果をたたえ、こう言う。

〈いつも私を助けてくれた。一日も忘れたことはなかった。朝夕に帰る日を待ち続けた。何の禍《わざわい》か何の罪か、思いもかけずわが子を失ってしまうことになった。今後だれと鴻業《あまつひつぎ》を治めようか。〉

ここまで言ってるんだ。そして後に、「自分の愛した子を思いしのぶことは、何の日に止むことか。小碓王(日本武尊)の平定した国々を、巡幸したいと思う」と言って、伊勢から東海道に入っている。前に見たように、『日本書紀』のヤマトタケル(日本武尊)は、素直で純粋な武人だ。この国のため、父・天皇のために闘い、働けるのが嬉しくて仕方がない。泣き言は一切言わない。父もそんな皇子をこよなく愛し、死んだ時は、「これから誰を頼りにしたらいいのだ」と嘆き、悲しむ。しかし、『古事記』では、ヤマトタケル(倭建命)は、父からうとんじられ、西征から帰るや、すぐに東征を命じられる。

「父は私に死ねと言われるのか」と嘆

き、怨む。白鳥と化して大和に帰りながらも、どこへともなく飛び去ってしまう。

はたして、「幸福な皇子」だったのか、「不幸な皇子」だったのか。ただ、言えることは、「不幸な皇子」の物語を人々は愛したということだ。今、僕らが読んでも、「不幸な皇子」の物語（『古事記』）に、より共感するし、感情移入できるのだ。あるいは本当は、『日本書紀』のような明るく、まようことなく闘った武将だったし、そんな武将が他にも多くいたのかもしれない。しかし、『古事記』のような、陰翳のある、悩み苦しみ、女におぼれ、失敗し、父を怨む……。そんな人間的なヤマトタケルに魂を揺さぶられるのだ。そこに〈自分〉を見るのかもしれない。

もう少し記紀の違いを書く。伊勢でヤマトタケルが亡くなり、白鳥と化して大和をさして飛び、さらに河内に飛び、三つの白鳥陵が作られたことなどは『日本書紀』にも出ている。そして天皇が嘆き悲しんだことも。しかし、『日本書紀』には、后や御子が白鳥を追ったことも、その時、うたった四首の歌のことも記されてはいない。次田真幸によると、この四首の歌は、元来は御葬《みはぶり》には関係のない、独立歌謡または民謡であったという。それを『古事記』では、ヤマトタケル物語の終幕に織り込んだのだと。やはり文学だ。文楽が悲しい義太夫の歌の中で終わるように。歌の中で、ヤマトタケルはこの世から去ってゆく。たとえ、意図的な織り込みがあったにせよ、この方が我々の情感に訴える。そして、ヤマトタケルのリアリティを実感させる。

〈死後の白鳥、生前の貴人。その影はただ記紀の歌謡にたゆたふのみ。〉

と石川淳が言ってる通りだ。

さて、ここで奇妙な事に気が付いた。ヤマトタケルははたして、ヤマトタケルとして死んだのだろうか。元々は小碓命という名前だった。それが、クマソタケルから、「あなたこそ、最高の勇者です」と言われ、「タケル（勇者）」の名をもらった。最強のチャンピオンベルトのようなものだ。それも、日本一の強者・勇者だから、「ヤマトタケル」だ。

でも、伊吹山の神と闘って負けた。その時、したたか雹に打たれて倒れ、その傷がもとで死ぬ。だったら、伊吹山の神が「最強」ではないのか。死ぬ間際に、「ヤマトタケル」のチャンピオンベルトは伊吹山の神に返上すべきではないのか。と、そんなことを一瞬考えたのだ。それにしても、伊吹山の神とは何ものなのか。「白い猪」の姿をして現われたら、「何だこんなもの。使い走りか」とヤマトタケルにあなどられた。それで怒って雹を降らせた。理由もたあいなければ、ヤマトタケルの敗れ方も他愛がない。

本当は、もっと強大な敵がいて、集団戦の激闘があったのだろう。全身を打つ雹というが、本当は石か矢が飛んで来たのかもしれない。黒岩重吾の『孤影立つ』では、矢ではないかと言う。「白い矢が倭建の胸から脳裡を貫いた。何が起こったのか分らない。手にしていた杖は二尺ほど離れた草叢に落ちている」と書かれている。

又、記紀の違いだが、『日本書紀』では、山の神は、「白い猪」ではなく、「大蛇《をろち》」になって道をふさいだ、となっている。この方が迫力がある。スサノヲの命のようだ。しかし、神だとは思わず、「神の使いだろう」とあなどり、大蛇を踏み越えて進んだ。それで神は怒って雹を降らすのだ。

さて、「その後」だが、急いで紹介しよう。石川淳の『新釋古事記』が簡明でいい。

〈ヤマトタケル、后いくたりか、子六人あり。中について、イクメノスメラミコト（垂仁）の女フタヂノイリビメと契ってうまれた子、帯中《たらしなか》津《つ》日《ひ》子《こ》、これはのちに王位を継いだものである。さて、ヤマトタケルの父、オオタラシヒコすなわち景行、享年百三十七にて没す。〉

景行天皇は137歳まで生きたんだ。凄い。でも、これは『古事記』だ。『日本書紀』では106歳で亡くなったと書かれている。愛するヤマトタケルの死を悲しんで寿命を縮めたのだろうか。分からない。「ヤマトタケル、后いくたりか」というのもいいね。でも御子は6人いた。その中の一人が天皇になった。第14代の仲哀《ちゅうあい》天皇だ。ちょっと整理すると、第12代が景行天皇。第13代が成務天皇（景行天皇の第四皇子）。そして第14代が仲哀天皇（ヤマトタケルの第二子）だ。さらに、第15代が応神天皇で、この天皇は仲哀天皇の第四皇子で、母は神功皇后だ。

つまり、ヤマトタケルは天皇にはなれなかったが、自分の子供と孫は天皇になっている。いや、ヤマトタケル自らも天皇になったという説がある。それは前にも紹介した。東国で「天皇」のような扱いはされたことがあっても、天皇の位についたことはないと思う。その代わりと言っては何だが、子供と孫と二代も天皇になっている。そういう形で天皇になったのかもしれない。

でも、仲哀天皇はヤマトタケルの皇子だから、さぞかし勇猛果敢な天皇かと思うだろうが、違うのだ。これはちょっとガッカリだ。むしろ后の神功皇后の方が有名だし、雄々しく、勇猛果敢だ。なんせ、身重の体で新羅征討に出かけたのだ。新羅征討は神功皇后が神懸かりし、託宣を下した。ところが仲哀天皇は神託を疑い、神罰を蒙って病没するのだ。哀れな天皇だ。ヤマトタケルは伊吹山の神をあなどり、その神の怒りで死ぬ。子供も神罰を受けて死ぬ。

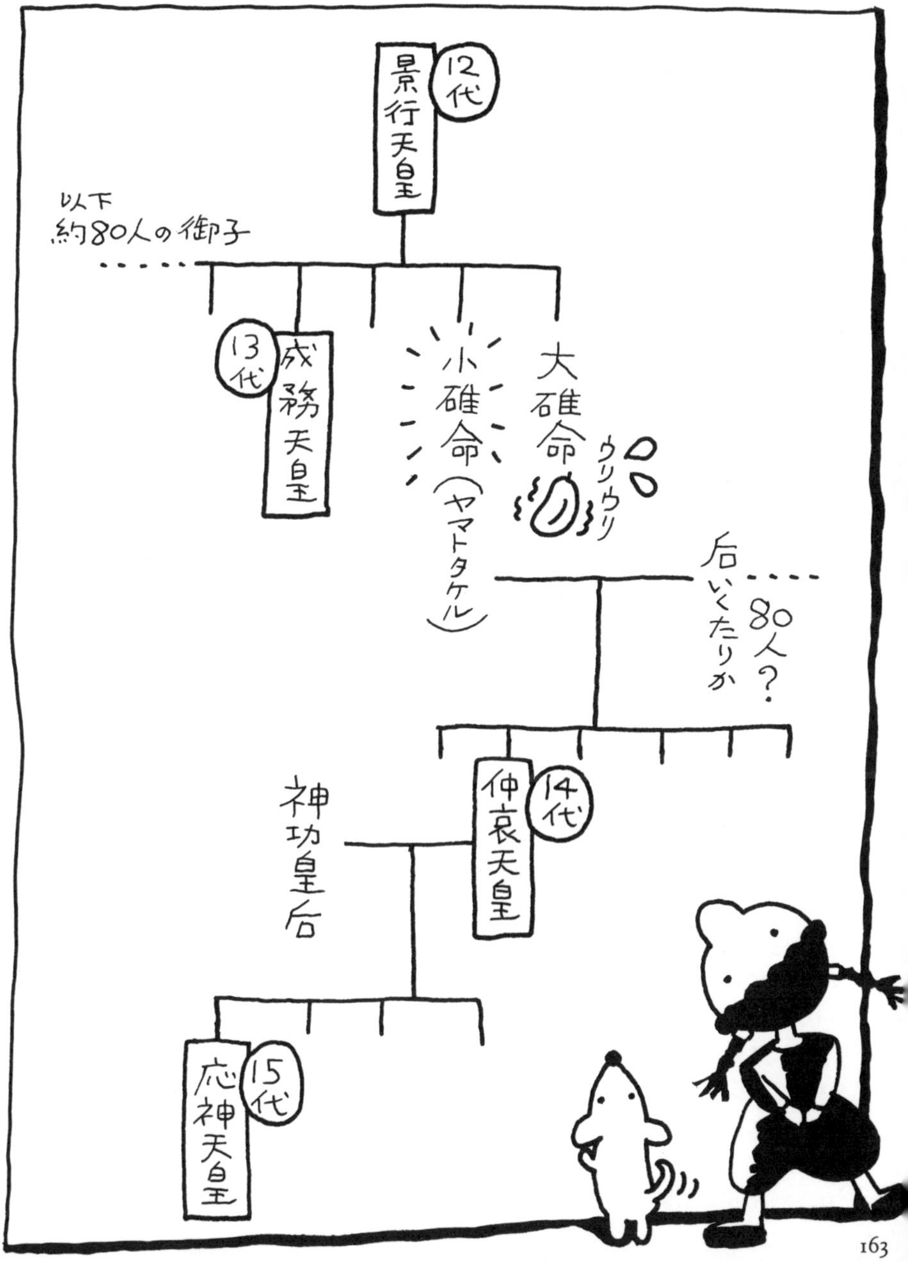

14. ヤマトタケルとの「不幸な出会い」

高校１年の時、「映画を見て感想文を提出しろ」と先生に言われた。今なら「小論文」とでも言うのだろうが、その時は「感想文」だったと思う。もう40年以上も前のことだ。その課題映画が『日本誕生』だったのだ。「下らない」と思った。「こんなのはみんな嘘っぱちだ。馬鹿らしい」と書いた。三船敏郎がヤマトタケルを演っていた。それがヤマトタケルとの初めての出会いだった。

それまでは日本の神話なんて全く知らなかった。父親が税務署に勤めていて、東北地方（福島、青森、秋田、宮城）を２、３年ごとに転々と変わった。東北の田舎でボーッと育ったんだ。政治や社会のことなんて何も知らない。高校に入るまでは、日本に天皇がいることも知らなかったし、ヤマトタケルも、神話も知らない。

中学３年の時に秋田から仙台に転校した。この頃、父親は税務署を辞めていた。仙台は実家だし、子供たちの教育のためにも秋田の田舎よりは仙台の方がいいと思ったのだろう。しかし、僕にとっては大変だった。秋田の田舎では、そこそこ出来たと思ったのに、仙台の中学では全くついていけない。カルチャー・ショックを感じた。そして仙台二高を受験するが、あえなく失敗。人生初めての挫折を体験する。仕方なく、東北学院高校というミッション・スクールに入る。

「右翼のくせに何でミッション・スクールに入ったんだ」と聞かれることが多い。でも、この頃はまだ右翼じゃない。それに、他に行く学校がなかったんだ。ミッション・スクールだから、毎日のように礼拝がある。聖書を読み、賛美歌をうたい、牧師の説教を聞いた。聖書の授業もあるし、試験もある。「三位一体について述べよ」とか、「マルチン・ルターの宗教改革の意義を書け」といったものだ。他に、『新約聖書』の目次を暗記させられた。馬鹿なことをと思ったが、憶えなければ単位がもらえないし、卒業も出来ない。

ミッション・スクールといってもカソリック系とプロテスタント系がある。乱暴な分け方をすれば、カソリック系は保守的で、プロテスタント系は革新的だ。プロテストとは「抗議」だし、ルターやカルヴィンの宗教改革の後に生まれた。そのせいか、革新的というか、左翼的な先生が少なからずいた。「政府は反動的だ。安保はいらない」と言う先生もいたし、「天皇なんかいらない」と言う先生もいた。「天皇は我々国民の税金で養っているんだ。子供を産んだらそれだけ経費もかかる。だから子供を産む時は国民の承諾を得るべきだ」と言う先生もいた。生徒は皆、爆笑し、パチパチと拍手していた。

僕は天皇制のことなんて何も分からない。でもその先生が嫌いだったので、「天皇なんかいらない」と言われても、その先生に反撥して、「お前こそいらない」と心の中で呟いた。又、「お前だって俺たちの授業料で生活してるんじゃないか。だったら……」と思った。

理論も何もなかったが、ただ逆らってみたかったのかもしれない。反抗期だったのだろう。それに二高に落ちて、こんな自由のない高校に入らざるをえなかった。その身の不運を嘆き、呪っていたのだ。屈折した、いやな生徒だったと思う。

そんな時に、映画『日本誕生』を見たのだ。何を見たって素直に感動する子供じゃない。「つまらん」「下らない」と、思ったままを書いて提出した。ところが

創世記も
日本書紀も
うそっぱちだ！
神道の神話なんか
教材にするな！
西川重則

何と、そのことで母親が学校に呼び出されて叱られた。「鈴木君はこんなに危険なことを考えてます。困りました」と。

何だ、何だ、と思った。戦前・戦中の日本じゃない。民主教育の戦後じゃないか。それに、学校は革新的・左翼的な先生が多い。『古事記』や『日本書紀』なんて天皇制の理由づけをし、国民に強制するものだ……と、反対すべきじゃないのか。まァ、当時はそんな難しい事は分からないから、こんなふうに反撥したのではない。「何を書いてもいい。感想を書け」と言うから書いたのに、という気持ちだけだった。今なら、「言論の自由」「表現の自由」はないのか、と叫ぶところだ。

でも、四十数年経って、当時のことをつらつら考えてみるに、「もしかしたら」と思いつくことがあった。当時は、高校も嫌だったし、強制されるキリスト教も嫌だった。だから、もしかしたら、「日本の神話なんて嘘っぱちだ。下らない」と書いた時に、その前に「聖書の天地創造と同じように」と書いたのかもしれない。どうもそんな気がする。そうでなくては母親を呼びつけたりしないはずだ。

つまり、当時の僕としては(反抗期だったせいか)、日本の神話も、聖書の天地創造も荒唐無稽であり、嘘っぱちのものだと軽蔑してたのだ。又、そうした摩訶不思議な〈物語〉を基盤にした天皇制やキリスト教にも不信感を持っていた。

今は年もとったし、いろんな勉強もしたし、右翼運動もした。天皇制もキリスト教も、それなりに素晴らしいものだと思っている。たとえ反対の人も、穏やかに話し合ったらいいと思っている。ただし、そんな僕でも、「形式的な押し付け」だけは今でも我慢がならない。たとえば昔は小学生のうちから天皇の名前や教育勅語を全部暗記させられたという。〈形式〉さえ押し付ければ〈精神〉も身に付くと思ったのか。

同じことはキリスト教でもある。さっきも書いたが、『新約聖書』の順番を丸暗記させられ、試験までやられた。全く意味はないと思った。しかし、憶えないと卒業できないので、必死で憶えた。「マタイ伝、マルコ伝、ルカ伝、ヨハネ伝、使徒行伝、ローマ人への手紙……」と今でも初めの方はスラスラと出てくる。実は下らない話だが、「憶え方」があったのだ。試験を前にして苦労して暗記してる時、「こうやって憶えると楽だぞ」と言ってクラスの友人が教えてくれた。「汽笛一声、新橋を……」の鉄道唱歌があるが、それの替え歌にして憶えるのだ。「マタイ、マルコ、ルカ、ヨハネ……」とやる。そうするとリズムに乗って憶えられる。

「ヘェー、こいつは頭がいいな」と、その友人を見直した。でも、よく出来ている。誰か先輩に聞いたのかもしれないと思った。

難民キャンプ
がっこうに行きたい…
学校へ行けない子供が
世界中にどれだけいるだろう？

制服も国旗掲揚も、強制されちゃたまんないよ。

ところが、それから30年後、何げなく、三浦綾子の『新約聖書入門』(光文社)を読んでいて、アッと声を上げた。

〈この新約聖書をひらくのに都合のよい歌を私は習った。これは大変便利なので書いておきたい。曲は「汽笛一せい新橋を」の鉄道唱歌のそれである。新約聖書をひらくのにこう覚えておくと便利である。〉

これには驚いた。何だ、友人が考えたわけじゃない。教会の牧師か信者が、ひそかに〈憶え方〉を伝え広めていたのだ。まさか、僕の友人が考え出し、それが日本中に広まり、三浦綾子も聞いた、というわけではあるまい。誰が考えつき、誰が広めたか謎だ。これも〈神話〉だ。その証拠に、僕らが憶えたのと三浦のでは、部分的に違っている。そう、『古事記』と『日本書紀』のように。

関心のない人に紹介してもつまらないだろうが、参考のために記しておく。三浦の習ったのは2番までであって、1番はこうなっている。

1、マタイ　マルコ　ルカ　ヨハネ
　使徒　ロマ　コリント　ガラテヤ書
　エペン　ピリ　コロ　テサロニケ
　テモ　テト　ピレモン　ヘブルの書

使徒は使徒行伝。ロマはローマ人への手紙だ。それらを略して憶える。三浦は「これは便利だ」と好意的に紹介してるが、それは「試験」や「強制」がないからだ。こっちの身にもなってくれ、と叫びたい気持ちだ。自発的に教会に行く人や、自分から聖書を学ぶ人が憶えるのはいいだろう。しかし、キリスト教徒でもない生徒に押し付け、試験するなんて、

とんでもない。と今でも思っている。

歴代の天皇の名前を憶えさせるのも、これと同じだ。戦前・戦中は小学生でも憶えさせられたという。「教育勅語」ならば、文章になってるから、まだ分かる。でも、天皇の名前は、一連の意味になってないし、漢字も難しい。もしかして聖書と同じように憶え方のアンチョコがあったのかもしれない。そう思って、いろんな人に聞いてみた。この「FOR BEGINNERS シリーズ」で『右翼』を書い

ている猪野健治さんや、日本ジャーナリスト専門学校講師の亀井淳さんなどにも聞いてみた。「小学生の時に憶えた。今でも空で言える」と言う。「でも、よく憶えられましたね。何か、替え歌にでもして憶えたんじゃないですか」と聞いたら、「そんなことはない」と言う。それに、替え歌にして憶えたとなったら、「不敬だ！」と言われるだろう。「頭の柔らかい小学生だから憶えられたってこともありますね」と言う。そうか、今だってＪＲの駅名とか怪獣や恐竜の名前を全部憶えている小学生もいる。

「ただ、10人ずつ区切って、リズムをとって憶えるということはやりました」と言っていた。それにしても大変な努力だと思う。又、それだけ苦労して憶えて、じゃ何の役に立ったのだろうか。「学校で皆の前で暗誦して、誉《ほめ》られたくらいかな」とお二人も言っていた。

でも、役立つことがあると、最近、気がついた。文筆活動をしていて、もし右翼に抗議された時には役立つ。それも絶大な効果を発揮する。まるで草那芸剣のようだ。たとえば、今、手元に、届いたばかりの月刊『創』(2003年10月号)がある。そこで、「田原総一朗は変節したか」という題で、当の田原と矢崎泰久が対談している。矢崎はかつて『話の特集』の編集長をしてた時に、「不敬な記事がある」と右翼に押しかけられた。日本刀を抜いた右翼に矢崎は、「歴代の天皇の名前を全部言えるか?」と聞いた。「天皇を守る。天皇を侮辱する奴は許せん」と言ってる右翼だ。当然知ってるはずだ。ところがその右翼は20代くらいまでしか言えなかった。矢崎は戦争中に全部憶えさせられたから、その場で暗唱して、漢字まで書いてみせた。それで右翼は恐れ入って帰って行ったという。

でも、この右翼だって偉い。20代まで言えたんだ。僕なんて自慢じゃないが、最初の神武天皇だけだ。あとは全部知らない。あとはグンと最近になって、孝明、明治、大正、昭和、今上天皇だけだ。今上天皇というのは今の天皇で、125代になる。雄略、武烈、後醍醐と学校の歴史で習ったようだが、何代で、どの辺の人か分からない。

以前、ゴリゴリの過激右翼だった時、作家の井上ひさしに抗議した。何の問題か忘れたが、「不敬な発言がある」と抗議、脅迫の電話をしたのだ。この時、井上、少しも騒がず、やはり矢崎と同じことを言ったのだ。「そんなに天皇陛下を大切だと思われるのなら、歴代の天皇さまの名前を全部言えますよね。私も言えるつもりです。ここで言ってみますから、間違っていたら直して下さい」。これには慌てた。「ウルセー、バカヤロー！」とか言って切った。それ以来、誰も電話しなくなった。

だから対右翼用の「自衛術」としてなら歴代の天皇の名前を憶えるのも役立つだろう。しかし、名前を丸暗記し、『古事記』『日本書紀』を貴い聖典として扱ってきた時代があるのだ。何か、信じられない。教える方も、本当にキチンと読んだのだろうか。ヤマトタケルのところを見ただけでも、決してきれい事の羅列ではない。天皇を美化する話ばかりでもない。天皇も皇子も、いや、神々だって失敗するし、ドジなことをする。きわめて人間的な物語だ。なのに、一方はこれを神聖視し、一方は、これは「天皇制を押し付けるために書かれたものだ」と言って反対する。どっちも本当には読んでないんじゃないかと思った。

話は高校時代に戻る。１年の時に、映画『日本誕生』でヤマトタケルに出会ったが、２年の時に今度は本格的に『古事記』に出会うことになる。「生長の家」の講習会、合宿などで聞かされたからだ。母がそこの信者だった関係で、時々、集会には行っていた。前にも書いたが、「生長の家」総裁の谷口雅春先生は宗教家であると共に愛国者で、安保闘争に揺れる日本に危機感をもっていた。そして『古事記』などをテキストにして、〈日本の理念〉や〈日本の使命〉について語っていた。だから、僕が大学に入ってから、いわゆる「右翼学生」の仲間入りをしたのは、「生長の家」の下地があったからだ。

前にも書いたが、『古事記』を「予言の書」として谷口先生は解釈していた。だが、当時の僕にとっては、「禁断の書」であり、「性典」だった。だって、天の岩戸に隠れたアマテラスを外に引き出すために、アメノウヅメの命が胸をはだけ、下半身まで出して踊った、とか。さらにイザナギ、イザナミの「国生み」の神話では、何だこれは、と思い、ドキドキ、ムラムラしながら聞いていた。だって、男神のイザナギはこう言うんだ。

〈我が身は、成り成りて成り余れる處一處あり。故《かれ》、此の吾が身の成り余れる處を、汝が身の成り合わざる處に刺し塞《ふさ》ぎて、国《くに》を生み成さんと為《おも》ふ。生むこと奈何《いかん》。〉

ヒャー、いやらしいなと思った。とんでもない本だと思った。男の凸を、女の凹に入れてふさぐのか。じゃ、不二家の凸(ポコ)ちゃん、凹(ペコ)ちゃんも、ここからきたのかな、と妄想したりした。又、イザナギが死んだイザナミを訪ねるが、その変わり果てた姿に驚いて逃げだす。その時、イザナミが、「一日に千人ずつ殺してやる」と叫ぶ。するとイザナギは、「だったら俺は一日に千五百人ず

つ子供を生ませるから、かまわない」と言い返す。死ぬ人よりも生まれる人の方が多いから人間はずっと生存してきた、という真理を言ってるのだろう。しかし、当時の僕らはそんなことは分からない。まるで掛け合い漫才だと思っていた。そして、もてない男がこんなことを言っていた。「千人の女に振られたら、千五百人の女にほれてみせる！」と。

『古事記』はだから高校生、大学生の僕には「身近」(？)だった。そして「予言の書」だった。「生長の家」の高校生の組織は「生高連」といったが、その歌からして、『古事記』『日本書紀』なのだ。

1.　日出《い》ずるくに　たぐいなき
六合《りくごう》を兼ね　連邦の
みやこをひらき　八紘は
兄弟なりと　宣言し
神武建国　三千年

この調子で、ずっと続く。又、学生部は「生学連」といい、そこでは僕は書記長までやったが、「生学連の歌」というのが、又凄い。これは、もっともっと『古事記』『日本書紀』の世界だ。イザナギ、イザナミも出てくるし、神武天皇、ヤマトタケルも出てくる。戦前・戦中だって、こんな歌はなかったろう。

なんか、僕ら自身も神話の世界を生きていたようだった。しかし、「生長の家」の運動を離れて、30年。今、『古事記』『日本書紀』を読み返してみると、懐かしい。と同時に、あの頃には見えなかったものが見えてくる。

かつて、学生時代は、「生長の家」という宗教を基盤にして右翼・民族派運動に入った。その後は「生長の家」を離れて、いわゆる「右翼運動」をやってきた。40年以上もやったことになる。その時でも〈神話〉の世界を生きていたのだろう。「俺は、ヤマトタケルだ」という自負が心の片すみにはあったようだ。そんな昔を思い出したから、ヤマトタケルに再び向かい合ってみた。それがこの本だ。

あとがき

「エッ、こんなのありかよ」と、ゲラを読んだ人に言われた。「そうか、こんな手があったか。現代から見た新しいヤマトタケルだね」と言う人もいる。でも僕としては何も奇を衒《てら》ったつもりはない。偏見を捨て、ひたむきにヤマトタケルと対面し、考えた。そして、ヤマトタケルに対する考えが変わった。神話に対する考え方も変わった。それを正直に書いた。「正直すぎるよ。これじゃ反天皇の本じゃないか。右翼に殺されるよ」と言う人もいる。

しかし、全体を読んでもらえば分かるが、僕は日本の神話は素晴らしいと思う。すっかり好きになった。神々だって悩み、苦しみ、間違う。神々の子孫の天皇も皇子たちも、そうだ。建国の理想があり、この国を守る勇気と覚悟がある。と同時に、争いも、騙し合い、殺し合いもある。まるで人間世界と同じだ。そう、これは我々の物語なのだ。我々のルーツの物語だ。その物語が、これだけ破天荒で、アナーキーで、寛容だ。これは日本人として、誇っていい。「神話は天皇制国家を強化し正当化する為の本だ」なんて嘘っぱちだ。正当化する為なら、もっと整然と、理想化して書けばいい。

昔は、神話を基にして愛国心教育をしたという。しかし、こんなアナーキーな神話を基にして、どうしてそれが可能だったのか。不思議だ。「左右の呪縛」から神話を解放する。それが先決だ。

僕は、この本を書くに当たって天皇にも皇子にも敬語を使わなかった。その点は不敬かもしれない。でも左翼的な人でも、神話の話なのに敬語を使って書いている人がいる。奇妙だと思った。敬語を使わないことが、この本の主人公・ヤマトタケルを貶《おとし》めているとは思わない。むしろ、より身近かに思い、人間として好きになった。だから、敬して遠ざける言葉は使うべきではないと思った。

この本は現代書館社長の菊地泰博さんの勧めで書き始めたが、悪戦苦闘した。又、専門家から見て、間違いもあるだろう。しかし素人だから出来る発見もあったと思う。そして、挑発的で楽しい本になったと思う。

清重伸之さんの絵がいい。単なる挿絵やイラストではない。主張がある、思想がある。この絵によってこの本は僕の代表作になった。そう確信する。感謝したい。本を出してくれた菊地さん、表紙をデザインしてくれた市村繁和さんにも感謝したい。

僕は全力を尽くし、覚悟をもって書いた。多くの人に読んでもらいたい。そして皇室の方々にも読んでもらいたい、と不遜なことを考えている。

2004年7月15日

鈴木邦男

鈴《すず》木《き》邦《くに》男《お》●文
1943年、福島県生まれ。67年、早稲田大学政治経済学部卒業。70〜74年、産経新聞社に勤務。72年民族派団体「一水会」を結成。99年まで代表を務め、現在顧問。
著書に『夕刻のコペルニクス』(扶桑社)、「言論の覚悟』(創出版)、『言論の不自由』(ちくま文庫)など。
東京都中野区上高田1の1の38　みやま荘
TEL・FAX 03(3364)0109
http://www.geocities.co.jp/Heart Land–Gaien/2207/

清重《きよしげ》伸之《のぶゆき》●絵
1947年、徳島県生まれ。
東京芸術大学・大学院修了。
米国、St. Olaf 大学と Bajus-Jones 映画社で、アニメーションを実習・勤務。
現在はフリー。
各地のNGOの人々と出会いつつ、福祉・環境の分野でイラストを乱作。
絵画シリーズ「星と水の旅」「ここちよい夢」ほか。フォー・ビギナーズ・シリーズでは『本居宣長』『司馬遼太郎と「坂の上の雲」』がある。

FOR BEGINNERS シリーズ
(日本オリジナル版)
⑱ヤマトタケル

2004年8月2日　第1版第1刷発行

文・鈴木邦男
絵・清重伸之
装幀・市村繁和
発行所　株式会社現代書館
発行者　菊地泰博
東京都千代田区飯田橋3-2-5
郵便番号 102-0072
電話(03)3221-1321
FAX(03)3262-5906
振替00120-3-83725
http://www.gendaishokan.co.jp/

写植・太平社
印刷・東光印刷所／平河工業社
製本・越後堂製本

制作協力・岩田純子

ISBN4-7684-0098-1

FOR BEGINNERS シリーズ

歴史上の人物、事件等を文とイラストで表現した「見る思想書」。世界各国で好評を博しているものを、日本では小社が版権を獲得し、独自に日本版オリジナルも刊行しているものです。

①フロイト
②アインシュタイン
③マルクス
④反原発*
⑤レーニン*
⑥毛沢東*
⑦トロツキー*
⑧戸　籍
⑨資本主義*
⑩吉田松陰
⑪日本の仏教
⑫全学連
⑬ダーウィン
⑭エコロジー
⑮憲　法
⑯マイコン
⑰資本論
⑱七大経済学
⑲食　糧
⑳天皇制
㉑生命操作
㉒般若心経
㉓自然食
㉔教科書
㉕近代女性史
㉖冤罪・狭山事件
㉗民　法
㉘日本の警察
㉙エントロピー
㉚インスタントアート
㉛大杉栄
㉜吉本隆明
㉝家　族
㉞フランス革命
㉟三島由紀夫
㊱イスラム教
㊲チャップリン
㊳差　別
㊴アナキズム
㊵柳田国男
㊶非暴力
㊷右　翼
㊸性
㊹地方自治
㊺太宰治
㊻エイズ
㊼ニーチェ
㊽新宗教
㊾観音経
㊿日本の権力
51 芥川龍之介
52 ライヒ
53 ヤクザ
54 精神医療
55 部落差別と人権
56 死　刑
57 ガイア
58 刑　法
59 コロンブス
60 総覧・地球環境
61 宮沢賢治
62 地　図
63 歎異抄
64 マルコムX
65 ユング
66 日本の軍隊(上巻)
67 日本の軍隊(下巻)
68 マフィア
69 宝　塚
70 ドラッグ
71 にっぽん《NIPPON》
72 占星術
73 障害者
74 花岡事件
75 本居宣長
76 黒澤　明
77 ヘーゲル
78 東洋思想
79 現代資本主義
80 経済学入門
81 ラカン
82 部落差別と人権Ⅱ
83 ブレヒト
84 レヴィ=ストロース
85 フーコー
86 カント
87 ハイデガー
88 スピルバーグ
89 記号論
90 数学
91 西田幾多郎
92 部落差別と宗教
93 司馬遼太郎と「坂の上の雲」
94 六大学野球
95 神道(Shintoism)
96 新選組
97 チョムスキー
98 ヤマトタケル

＊は在庫僅少